不得了！超有料的體育課
人體科學篇

運動高手的祕密

企劃　小木馬編輯部
文　沈口口、黃健琪
圖　傅兆祺

小木馬

編者的話

讓愛閱讀的小朋友，開始享受運動的好處

陳怡璇　小木馬出版總編輯

　　《不得了！超有料的體育課》是小木馬編輯團隊歷經一年的企劃製作，趁著四年一度2024巴黎奧運年送給小讀者的系列作。來到這堂超有料的體育課，不僅僅活動筋骨、揮灑汗水，還將帶給孩子與運動及體育賽事相關，涵蓋科學、地理歷史，以及數學等面向的有趣知識，是以體育為出發的跨領域文本。

　　從前從前，曾經有好長的時光，我們的學習和成長擁抱著「萬般皆下品，唯有讀書高」的社會氣氛，然而現在的我們已經知道並非如此，我們也都開始明白，運動對大人小孩所帶來的好處，不僅僅是強健體魄與體力。對小小孩，運動可以協助訓練小肌肉、手眼協調能力、追視能力；對學齡兒童來說，運動是生活的平衡、同儕相處、團隊合作等的練習，也是身心放鬆和放電的好選擇；孩子大一點，若仍能持續堅

毅執著的在體育場上投入與付出，許多家長和大環境也願意栽培孩子，往成為體育選手或相關產業發展的可能。

隨著媒體的多樣發達，無論在台灣或是世界各地，許多體育賽事也已成為家人朋友相聚的焦點，許多體育選手是我們搖旗吶喊的對象，是孩子心中的偶像典範。

和體育相關的可不僅僅只有賽事和體能、技巧等的展現。如果我們用數學腦看體育、用科技腦看賽事、用歷史風土理解體育，那麼一堂體育課將能看到更多有趣的觀點和見解，《不得了！超有料的體育課》系列書，正是希望熱愛運動的小讀者們可以藉由閱讀，認識更多有趣的知識。反過來說，也希望這個有趣的系列，可以讓愛閱讀的小朋友，也能開始享受運動的好處。

編者的話 ······ 2

田徑 ⬭

Q1 為什麼有人能跑得那麼快？ ······ 9
Q2 跑馬拉松的人可以跑不停，關鍵是呼吸？！ ······ 13
Q3 跑得喘吁吁就是有氧運動？ ······ 17
Q4 跑馬拉松會餓嗎？為什麼中途要吃補給品？ ······ 21
Q5 競走選手的屁股為什麼會搖來搖去？ ······ 25
Q6 跳高的姿勢為什麼是從背部翻越竿子？ ······ 29
Q7 跨欄跑越看越像跳起來飛踢？ ······ 33
Q8 推擲鉛球時，選手為什麼要先滑步或旋轉呢？ ······ 37

水上運動 🏊

Q9 人在水中不游泳，也能漂浮在水上嗎？ ······ 41
Q10 水上芭蕾選手表情好誇張？ ······ 45
Q11 水上芭蕾選手倒立時，都在水下做什麼？ ······ 49
Q12 自由潛水運動員，可以在水下憋氣多久時間？ ······ 53
Q13 水球是傳說中最難的運動？ ······ 57
Q14 輕艇激流只靠上半身用力划？ ······ 61

射擊運動

Q15 射擊選手是用單眼瞄準，還是雙眼？哪一個比較準？………… 65

Q16 射擊運動裡的步槍三姿，立姿射擊是最難嗎？……………… 69

舉重

Q17 為什麼有些舉重選手會綁上腰帶？…………………………… 73

Q18 舉重選手都是身高不高，肌肉發達的身材？………………… 77

拳擊

Q19 拳擊選手為什麼要一直跳？…………………………………… 81

Q20 拳擊選手如果肝臟被打擊到，可能會直接倒下？…………… 85

球類運動

Q21 籃球隊都找身高高的球員就可以贏了嗎？…………………… 89

Q22 為什麼棒球選手都喜歡嚼口香糖？…………………………… 93

其他運動

Q23 為什麼體操選手的身體都看起來很軟？……………………… 97

Q24 拔河比賽中，為什麼個頭大的選手站最後面？……………… 101

Q25 賽車也是運動？………………………………………………… 105

運動與健康 ♥

Q26 運動選手都怎麼飲食？……………………………… 109

Q27 運動選手身上貼著膠布，那是什麼？……………… 113

Q28 為什麼運動選手比賽後，都會有人幫他們按摩？… 117

Q29 選手受傷了，痊癒後還能再比賽嗎？……………… 121

Q30 為什麼運動選手總是在比賽時打破紀錄？………… 125

Q31 帕運選手的身體情況不同，要如何公平競爭？…… 129

人物介紹

凱開 <small>小學五年級</small>

反應很快、身體協調性佳,擅長跑步,最喜歡看田徑比賽,尤其是賽跑最後衝刺到終點的那一刻。除了田徑,對於其他運動進行的方式就一知半解。

<small>小學五年級</small> 派派

是凱開的同學。很喜歡看各類球賽,對於運動明星如數家珍。不擅長運動,但是會參加團體的運動項目,例如躲避球、籃球,因為派派說,她是用頭腦在運動。

王海莉 <small>體育老師</small>

外表甜美可愛的樣子,但其實是大力士,擅長一切體育項目,但如果要跳舞的話,就會手腳打結。因為小時候出生是巨嬰,爸爸以大力神海克力斯來命名。

<small>數學科老師</small> 林麥斯

和小林老師林利斯是孿生兄弟,因為出生時間比較晚一點,大家叫他小小林。喜歡騎自行車和滑雪這種有速度感的運動,喜歡看滑冰和跳水比賽。

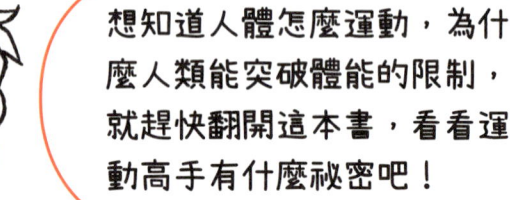

跑得快和人的「步幅」、「步頻」有關係！

　　「跑得快」可以說是每個短跑項目選手的終極目標，他們得在一群全都跑得很快的選手中，用零點幾秒的差距脫穎而出，才能贏得一場比賽，所以各種能夠提升速度的方法，他們可能都會加入鍛鍊菜單中。

　　研究跑速很快的跑者時，人們通常會觀察「步幅」和「步頻」，這是推算出跑速的兩個重要元素，因為「步幅」乘以「步頻」就是「速度」。「步幅」有兩種定義，一種是兩腳邁開，計算兩腳中心間的距離，另一種是從一隻腳著地到同一隻腳再次著地之間的距離。本文以後者定義來計算，你可以想像在沙灘上跑步留下的腳印，從左腳腳印開始測量，直到下一次左腳再度落下腳印的距離，就是你一步的步幅。所以如果你的步幅是1.2公尺，那麼每一步你都會前進1.2公尺，當然每個人的步幅都不同。

「步頻」則是指一個人每分鐘踏出去的步數，也是跑步的節奏。你可以試著這麼做：先設定計時1分鐘，接著開始計算這1分鐘之內跑起來的步數，就會得到步頻。如果你是1分鐘內踏出180步，那麼步頻就是180步/分鐘，這算是還不錯的跑步步頻呢！

不是加大「步幅」和「步頻」，就能跑得快

　　講究跑步的人通常會根據不同運動項目的需求，調整自己的「步幅」和「步頻」，讓自己表現得更好。不過，想要跑得快，也不是一味增加這兩個條件就可以，有時步幅跨距太大，而腿在落地時的肌肉力量不夠，姿勢不正確、重心一不穩，就有可能會受傷，這時選手應該鍛鍊的是身體、腿部的肌肉耐力；又或者像是長跑馬拉松比賽中，並不能全程都用高速的步頻和衝刺的步幅，因為這會迅速消耗能量，讓你精疲力盡，反而無法跑完全部的里程。

　　當你同時把兩個條件提升到最快、最大時，消耗的能量也會增加，所以長跑選手都會懂得如何配速。再者，如果是跑步的場地存在很多變化，像是越野跑步，路面通常都是崎嶇不平整，這時每個路段該使用怎樣的步幅和步頻又更複雜，需要根據路況調整，隨時變動，才能保持平穩、安全的贏得比賽唷！

一開始跑太快，現在跑不動了啦！

利用身材優勢，也能創造好成績

當然，影響跑速還有個人的先天體型條件！腿較長的人天生步幅就比較大，而腿相對較短的選手，自然步幅就小，但也因為他們距離地面比較近，步頻可能會更快一些。

這也不表示腿長的人就一定會跑得比腿短一點的選手快。因為兩個跑者間，如果一個腿長但缺乏力量，而另一個腿短但擁有強大的肌肉力量和爆發力，後者還比較有可能是飛毛腿，因為他能更有效的產生跑步推進力。所以各方面的平均鍛鍊，才是提升跑步速度的最好方法！

> 世界排名前10的百公尺跑步選手，大多數身高在180公分以上，有3位在170～175公分之間，紀錄保持人尤賽恩‧博爾特最高，有195公分，他的步幅將近身高的1.3倍，有2.47公尺！而馬拉松選手如退役的衣索比亞「長跑皇帝」格布雷西拉西耶，個子只有164公分，但是步幅也高達身高的1.23倍呢！

Q2
跑馬拉松的人可以跑不停,關鍵是呼吸?!

我不行了!海莉老師已經跑了一個小時都沒停過,怎麼辦到的?

凱開,你不是很擅長跑步嗎?

因為海莉老師平常就有在訓練肺活量啊!

沒錯!呼吸和肺活量是跑馬拉松的人一定要訓練的課題!

呼吸技巧和肺活量鍛鍊，
是馬拉松跑者的必修課題！

跑馬拉松的人能夠長時間不斷奔跑，除了有腿部肌力、核心肌肉的訓練之外，還有一個小祕密，就是他們連跑步中的「呼吸」都經過特別的訓練。因為一旦有了恰當的呼吸節奏，就能提高「肺活量」，幫助跑者在運動中吸入更多的氧氣到身體裡，給運動中的肌肉提供更多能量。

「肺活量」是長跑者的燃料箱

聽起來，有點難以想像嗎？「肺活量」又是什麼呢？現在你可以跟著做一次，深深的吸一口氣，讓肺部充滿空氣，然後用力呼出所有的空氣。這個過程中，你呼出來的空氣總量就是你的「肺活量」，也就是你的肺部有多大的「容量」，這樣我們就能知道你的呼吸系統有多強。簡單的說，就像是拿著一個大氣球，一次吹得滿滿的，然後再把氣全部放出來。這個氣球裝了多少氣，差不多就代表了你的肺活量。

凱開的肺活量！

為什麼跑馬拉松需要訓練肺活量呢？跑馬拉松的時間非常長，是一種高強度的有氧運動，一旦運動持續的時間長，肌肉對氧氣的需求就跟著提高，因為人體需要氧氣進入血液，透過血液運送到肌肉細胞裡，讓肌肉有足夠的能量支撐著跑者，而良好的肺活量就能確保更多的氧氣被運送到肌肉組織中。所以運動中的呼吸技巧與肺活量，對跑馬拉松的選手來說，就像是跑車的油箱或燃料箱；一個大又充足的燃料箱，自然就能讓比賽中的人跑起來穩定又快速，也不會氣喘吁吁，絕對可以提升跑步的品質。

足夠的「肺活量」能延緩疲勞

「肺活量」的大小，也會影響長跑時的疲勞感嗎？這得再次從身體的運作機制說起。人在跑步或運動時，肌肉除了需要氧氣之外，也會轉換食物中的養分來變成能量，但這個轉換過程，會產生一種叫做「乳酸」的物質，有點像是工廠裡生產產品時，會排出來的小廢料。如果你跑得很快或跑得時間很長，工廠一直沒有空處理這些東西，小廢料就會開始堆積，也就是運動員常常說的「乳酸堆積」，而乳酸裡有些物質，就會開始讓肌肉感到疲勞，所以運動中的馬拉松選手，就有可能越來越累，導致跑不下去。

不過，乳酸是可以被身體回收再利用的能量！只是身體肌肉在回收轉換乳酸的時候，也需要大量的氧氣和一點時間，因此一個正在快速跑步中的馬拉松選手，如果肺活量夠大的話，當然就有足夠的氧氣來幫助自己的肌肉，迅速的轉換乳酸成為有用的能量。又或者馬拉松選手如果能在這一

趁長遠的奔跑路程中，調慢速度，給肌肉一點時間轉換，讓乳酸一直被消耗掉，就能延緩疲勞，支撐著自己跑得更遠又更久了！

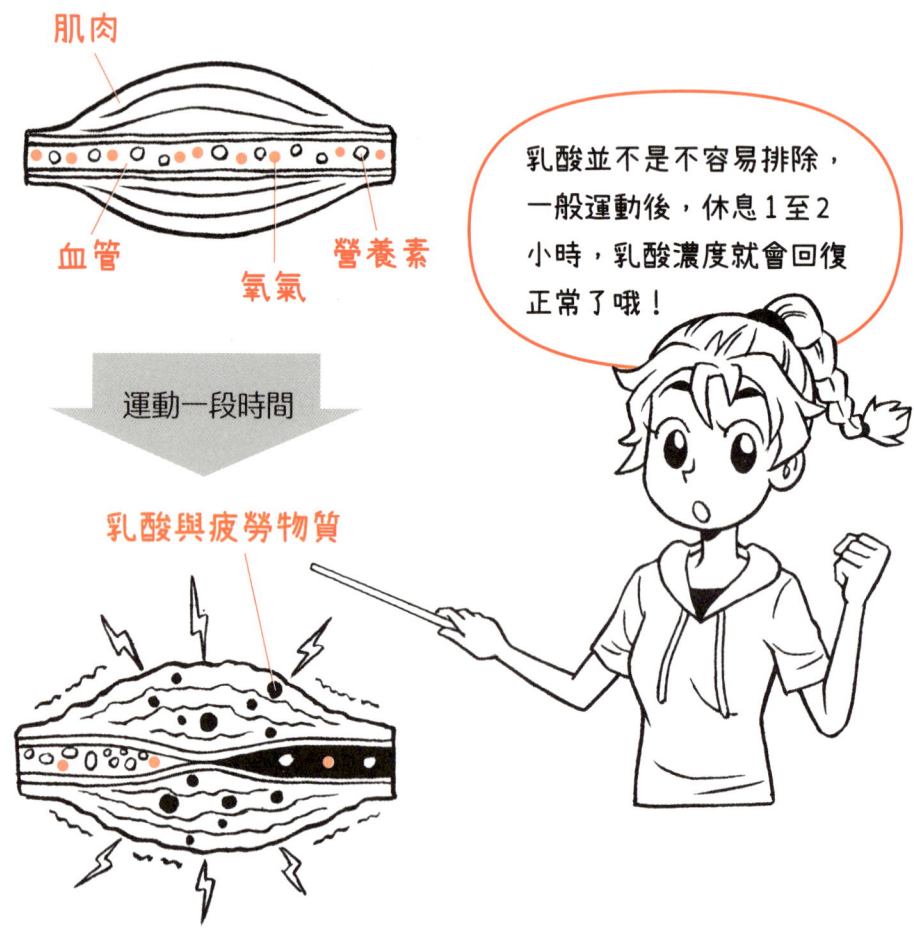

Q3 跑得喘吁吁就是有氧運動？

跑步時喘氣，吸了很多氧氣，就是有氧運動吧！

我覺得應該是要持續一段時間的運動。

你只跑3圈，瞬間衝刺這麼快，又只衝刺，這絕對是無氧運動啊！

身體細胞有**大量使用到氧氣**才算是「有氧」運動。

有人說，想要達到有氧運動，必須運動到有點喘；有人說突然太喘太累的運動不算，要喘得剛剛好，又持續一段時間以上才是有氧運動，為什麼？到底什麼是有氧運動？

奧運競賽項目中的長跑、競走、長距離游泳或自行車，這些耳熟能詳的運動，都是屬於有氧運動。

有氧運動時，身體在忙什麼？

這一系列運動在進行時，通常會持續一段時間，肌肉裡的細胞組織會需要大量「氧氣」來燃燒脂肪、轉化養分，以維持正在進行的運動，所以才會被稱為「有氧」運動。因此有氧運動並不是我們只要有呼吸到氧氣就算數，而是細胞使用到大量氧氣才算有氧運動。

但細胞要用到氧氣又是怎麼運作的？讓我們用個簡單的比喻來說明：想像你現在開始跑步，準備持續達到有氧運動的效果，你的心臟會加速跳動，心率比平常更快速，讓血液也跟著開始加速流通，把身體裡的養分和肺部吸入的氧氣一起輸送到肌肉細胞裡。

這時，肌肉細胞裡就像有個神奇的小廚師，為了讓你有能量能夠持續運動，一拿到氧氣，就會用氧氣當燃料點燃爐火，開始認真的烹煮食材，變出營養有用的能量，讓肌肉群吸收之後就能增加動力繼續運動。不過人

體裡的「氧氣」燃料並非源源不絕，必須透過肺部從外面吸取到身體裡，所以，當你運動時，呼吸節奏變得更快、更深，幫助你吸入更多氧氣，並且排出用不到的二氧化碳，因此，人們就會感受到「有點喘」，所以「喘」才會變成一個判斷有氧運動的非正式指標。

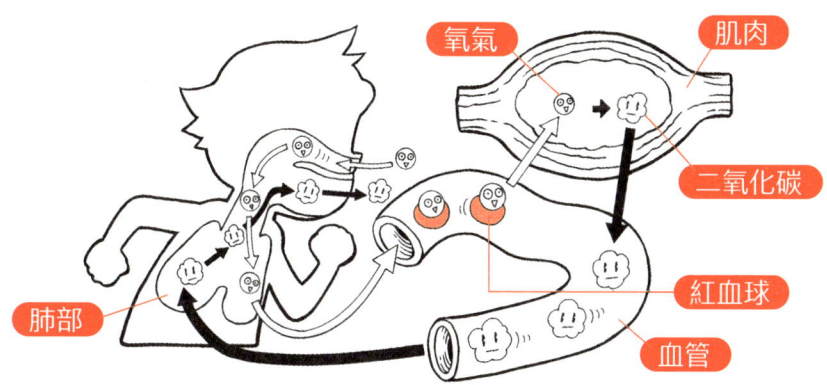

我正在做有氧運動嗎？

想精確的知道細胞有沒有確實用到氧氣，正在做有氧運動嗎？那你得測量自己在運動中的最大心率，也就是心臟跳動最大的速度，通常可以利用運動手錶測量。最大心率與年齡有關，我們可以用220減去年齡（220－年齡＝最大心率），就能知道自己百分之百的達到有氧運動時，心跳應該要是多少。例如海莉老師28歲，最大的心率是192。如果海莉的心跳達到192並持續至少15分鐘，她就確實在進行有效的有氧運動。不過，不必時刻達到最大心率，只需達到60%並持續一段時間，也能達到有氧運動的效果。

有無氧運動嗎？

有有氧運動，當然也有無氧運動。無氧運動比較像是超級英雄突然要對抗強大的外星怪獸，人體會需要在極短的時間內使出全力，發動攻擊，因此肌肉需要立即產生大量的能量，來應對高強度的活動。

這時，細胞內的小廚師不會花費時間用氧氣點燃爐火現場烹煮，而是會拿出平時儲存在肌肉裡的化學能量包，快速的提供肌肉能量，讓你迅速的打擊壞蛋。不過這種能量包，用完就沒了，效用短暫，也用不到氧氣，所以就被稱作「無氧」運動。

而奧運裡最常見的無氧運動項目，就是短跑、舉重、跳高、跳遠、投擲項目、擊劍……等，如果你仔細想想之間的共同點就會發現，這些項目都需要爆發力，以及瞬間的能量，所以考驗的是瞬間力量、瞬間速度，或者臨場的經驗技巧，而不是長時間反覆做出同一動作的持續型運動喔！下次當你在看奧運比賽時，每看到一個項目，不妨就試著思考，它是什麼類型的運動吧！

Q4 跑馬拉松會餓嗎？為什麼中途要吃補給品？

跑**馬拉松超級消耗能量，** 就算你不覺得餓，人體也需要！

全程馬拉松是42.195公里，一般人全程跑完絕對超過3小時以上，對人體來說那是個巨大的挑戰和壓力，身體會經歷一系列的變化，就算你累到無法思考自己餓不餓，但其實你的身體就是又餓又累。

補充飲食來維持身體的能量

跑馬拉松就像一場奇妙的冒險，沿途選手會歷經高潮，也會遇上低谷。剛開始的前5公里，有點像是身體的熱身，它正在適應這場即將開始的長途旅程，心跳加速，呼吸變深，血液像高速公路上的車流加速流動，肌肉也變得溫暖靈活，好像在說：來吧！我們接受挑戰！此時，身體主要是靠著肝醣和血糖提供能量，所以別急著想要快速飛奔，因為那會讓身體突然耗掉太多能量。

維持10公里之後，心肺系統和肌肉已經適應了這個強度，經過鍛鍊的身體會進入穩定的節奏，路面上準備的補給品或水分，大約每隔3或5公里就會出現一次，如果沒有這些補給品，馬拉松選手可能會面臨血液中血糖過低，導致沒有足夠的能量來維持運動。

所以有經驗的全馬選手會知道自己應該在什麼時間點補充能量凝膠和運動飲料，來維持長跑中的血糖，也就是餵飽飢餓的身體，讓自己能夠持續跑步。

什麼是撞牆期？

大多數全馬選手撐到30公里，身體吃東西後儲備的能量幾乎耗盡，所以人體會感到極度疲勞，好像撞上了一面無形的牆。這時身體只好轉向脂肪提取能量，不過脂肪提供能量的效率很慢，就會開始出現傳說中的撞牆期。撞牆期中的選手會看起來精神渙散全身無力、側腹痛、覺得異常疲勞、大小腿接連抽筋，導致產生越來越多的壞念頭，想要放棄比賽。

一旦撞牆期出現了，最後的幾公里就是意志力和耐力的終極考驗。你需要調動所有剩餘的能量和心理力量來完成比賽。忽略身體或肌肉上的任何不舒服，像是痙攣、僵硬或劇痛，心率和呼吸更加急促。直到你接近終點時，才會感受到賽程即將結束的激動，帶來一股新的力量，讓你衝過終點線。

身體的能量來源

身體隨時都需要能量的補給,並不是只有高強度的馬拉松選手才需要喔!就算只是說話聊天、打電動,甚至坐著閱讀、思考都需要能量才能做到,而我們吃的「食物」就是身體的能量來源。

想像一下,人體是一座小工廠,這座工廠需要「燃料」才能運作。食物就是燃料最原始樣子,裡面含有碳水化合物(醣)、脂肪和蛋白質三大營養素,經過人體的消化吸收與化學反應後,就會變成身體用的真正燃料。

像是一塊巧克力麵包有許多碳水化合物(醣),經過人體轉化後會變成分子很小很小的「葡萄糖」,透過血液進入細胞中,變成身體基本又常用的燃料,這時就會有能量來進行走路、玩耍或學習。

除了醣,身體也會分解食物中的「脂肪」和「蛋白質」並儲存起來。脂肪能被分解成「脂肪酸和甘油」儲存在身體裡,當身體需要長時間運用能量時,例如長跑,就能提取出來使用,有點像戰鬥存糧。而蛋白質分解後會變成「胺基酸」,專門用來修理和建造身體,當人體需要更多能量,它也能被轉換成能量。

Q5 競走選手的屁股為什麼會搖來搖去?

「你們看,這隻鴨子走路很像競走選手耶!」

「該不會牠們走路和競走的原理是一樣的吧?」

「不一樣!鴨子是因為腳長在身體後方要維持重心。」

「競走是因為膝蓋要打直,腳步不能離開地。」

競走膝蓋要打直，兩腳不能完全離地，**用左右推髖部來加速**，就變成搖屁股。

「後腳腳尖，在前腳腳跟著地前，不能離地。」、「前腳著地時，腿部必須伸直，膝蓋不能彎曲。」是競走運動中最主要的兩項規則，只要違反就會被判犯規，無法繼續比賽，所以造就了競走運動選手比賽時，通通看起來像是在搖擺屁股走路。

競走要盡量把屁股推出去

要理解競走運動員的步伐，可以想像在地面上畫了一條直線，你需要每一步都接續的踩在直線上，且每一步都要從腳跟落地，然後再過渡到腳尖，這樣才能避免不小心雙腳同時離地，而且保持平衡。

這種步伐和腳步不像鴨子，反而有點像是貓咪走路。只是在競賽的過程中，運動員不能跑步、不能跳、踩在地上那隻腳的膝蓋不能彎曲，卻要想辦法增強速度，超越別人，所以只好充分的運用自己的「髖關節」，或者通俗一點的稱之為「屁股」可以活動到的最大範圍，來達到最大的步幅。也有人說這個動作叫

前腳跟踩地時，膝蓋要打直不能彎曲。

做「送髖」，把臀部關節大大的推送出去，每一個步伐都是左送髖、右送髖，看起來就好像在搖擺屁股囉！

鍛鍊核心保持協調性

雖然是為了加大步幅，追求速度而盡力送髖，造成搖屁股的姿勢，但對運動員來說，也不是使勁搖屁股就可以加快競走速度的！

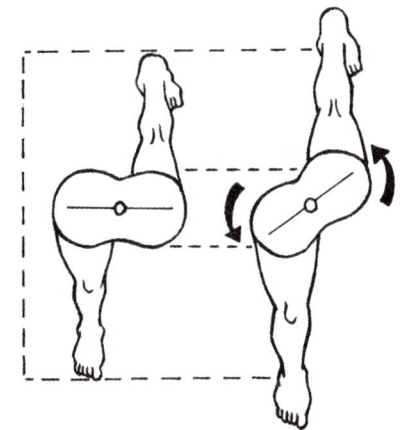

髖部左右往外推送出去，能夠加大步幅，讓選手競走速度更快。

其實競走運動員的每一步都必須保持身體平衡，隨便晃動會浪費不必要的力氣且產生阻力，落差0.1秒都有可能輸掉比賽，因此即便看起來是搖屁股，運動員也是運用強壯的腿部肌肉群以及強大的核心肌群來支撐這些動作，以防止身體左右擺動過大，確保運動過程中的平衡與協調。

簡單的說，你可以想像自己的肌肉與核心就是一條繃得剛剛好的橡皮筋，它會不斷的幫助你保持身體的穩定，並且用最少阻力的方式前進。別以為競走只是一種走路運動，速度並不快，世界級的運動員在20公里的競走賽中，平均4到5分鐘內，就可以走完1公里，非常驚人。

 目前戶外10公里競走的世界紀錄保持者為俄羅斯選手羅曼・拉斯卡佐夫，用時37分11秒，而10公里的路跑最快紀錄則為26分33秒。

不能跑起來

競走其實就是一種「不准跑」的田徑運動，為了讓比賽公平，賽道旁邊會有6到9名裁判像老鷹一樣盯著選手的步伐動作。他們的任務是確保選手們不會「飛」起來。由於在高速狀態下，總會有零點零幾秒是雙腳同時離地，重點在於只有在裁判肉眼看到雙腳同時離地時才算犯規。第一次犯規給1張黃牌警告，一旦嚴重到累積3張黃牌，就會得到失去比賽資格的紅牌了。

或許有人會質疑這樣奇特的走路姿勢，會不會很容易造成運動傷害。其實雙腳不能同時離地，代表騰空時間短，也代表步頻比較高，這表示每一步對於腳掌的衝擊力會比較小。不過步頻也不能太高，最理想的步頻是每分鐘170～190步之間，所以整體來看，競走愛好者受傷的機率通常都會比跑者低。

競走也是跑者訓練髖關節的一種方式。

Q6 跳高的姿勢為什麼是從背部翻越竿子?

「選手居然都用背部翻越竿子!」

「真是厲害,這樣怎麼看得見竿子呢?」

「其實跳高運動剛開始也有很多種動作,後來才發現背向式跳高是目前成效最好的!」

用背部來翻越過竿子優點多，
能有效的讓選手表現得更好！

　　站在起點，選手吸一口氣，開始用輕盈穩健的步伐助跑，然後迅速轉體起跳，頭和肩膀先越過橫竿，背部和腿在空中畫出一道美麗的弧線，過橫竿後兩腳伸直，背部落在軟墊上就完成了一次跳高。這是現今跳高選手最喜愛的動作，叫做「背向式跳高」。

倍受認可的背向式跳高

　　背向式跳高是1968年墨西哥的奧運會上，一位名為福斯貝里的選手，所使用的跳高方式。這個方式前所未有，以「仰躺」的姿勢飛越橫竿，結果取得了2.24公尺的成績，打破世界紀錄，之後，這種「躺著競賽」的「背向式」跳高技術就成了現今的標準跳高技術，也是人們最常見的跳高畫面嘍！

　　這個姿勢包含了許多致勝的優點：

❶ 重心更低

　　用背部翻越橫竿，可以讓運動員在過竿時重心低於橫竿，不像剪刀式和俯臥式需要整個身體都抬過橫竿，可以減少實際需要跳越的高度，提高跳耀的效率。

❷ 更好的速度轉化

　　運動員會以弧線助跑，在接近橫竿時做出迅速轉體的動作。這個動作

會讓選手在跳躍的瞬間,把速度轉換為垂直高度,跳高效果更好。

❸ 降低空氣阻力

背部翻越橫竿的過程,是頭和肩先過橫竿,接著才是背和腿。這種姿勢讓運動員呈現出更流線的型態,能夠減少空氣阻力。

❹ 減少受傷機率

越過橫竿後,運動員是背部朝下落在軟墊上,相較其他跳高技巧,這種姿勢可以減少落地時對關節和肌肉的衝擊力。

更重要的是,選手們不斷用背向式跳高技術創造出優異的成績,因此,用背部翻越橫竿的「背向式跳高」技術,就成了現在的標準跳高姿勢嘍!

> 事實上,福斯貝里早在國小時就使用了這項技術。只是當時沒有人見過,害他被嘲笑了很久。儘管如此,他也沒有氣餒,反而開始研究如何從助跑、起跳、翻越到落地,創造出一套完整的流程。

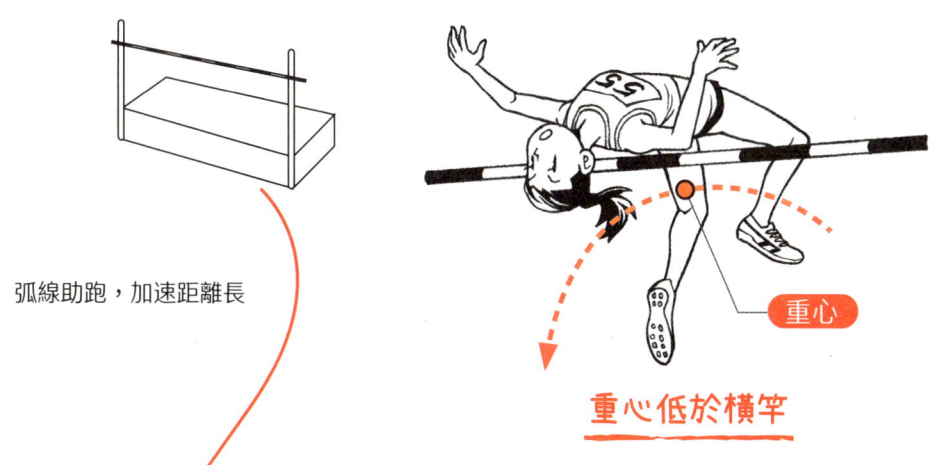

弧線助跑,加速距離長

重心

重心低於橫竿

跳高動作的演進五花八門

以「屈膝團身」跳躍1.57公尺橫竿,是跳高運動中最早被記錄的成績,那是18世紀末的一次比賽,當時並沒有嚴格的比賽規範和姿勢限制,選手們以自己覺得順暢的方式參賽。直到1864年,英國運動員羅伯特‧柯奇利用側面助跑,兩腿先後交替過竿的技巧,跨越了1.7公尺,創造了新的世界紀錄。這種「跨越式跳高」技術成為跳高運動的早期標準姿勢,也是許多人的跳高啟蒙技術。

有了跨越式技術為基礎,跳高運動開始演進出更多變化,像是越過橫竿時,兩腿交叉身體側傾,很像剪刀的「剪刀式」;斜向助跑後,跳起來讓身體左側略躺,在橫竿上方滾過去的「滾式」;把腹部朝下越過橫竿的「俯臥式」。這些技術讓選手們不斷的提高成績,達到了2.11公尺的紀錄。

跨越式跳高

我們在學校練的跳高,很多人就是這種姿勢呢!

Q7
跨欄跑越看越像跳起來飛踢?

你為什麼飛踢我！

不是啦，我在做一個田徑動作，你們猜猜看！

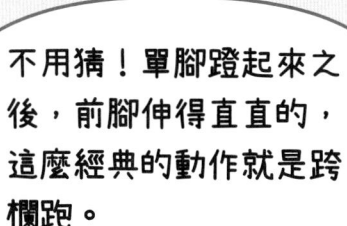

不用猜！單腳蹬起來之後，前腳伸得直直的，這麼經典的動作就是跨欄跑。

「前腿伸展，後腿彎曲」乍看像飛踢，但能讓跨欄的瞬間更流暢。

「在跑道上快速衝刺，再連續跳跨過一連串的欄架。」這是一項需要全身性的協調技巧與瞬間爆發力的田徑運動「跨欄跑」。但，因為跨欄的瞬間很費力，所以每個選手跨欄時，才會看起來都好像在「飛踢」嗎？

剛起步的跨欄較吃力

跨欄運動和其他田徑項目一樣，已經有段歷史，甚至有傳說這是英國牧羊人在日常生活中，趕著羊隻跨越圍欄和障礙物時，延伸出來的競賽活動，不過並沒有直接的歷史證據。比較精確的記載可以追溯到19世紀中期，英國的學校和田徑俱樂部開始舉辦各種有趣的田徑運動比賽，跨欄運動就是其中一項，只不過以前的名稱叫做「障礙賽」，比賽的距離和跨越的欄架設計，和現在都有許多不同。

相較起來，早期的跨欄技術比較笨拙，運動員在接近欄架時會明顯的減速，用單腳跳過欄架，動作僵硬，速度也比較慢，以確保安全跨越。

進化中的跨欄順暢有力

不過,到了19世紀末20世紀初期,美國運動員像是發現了加速跨欄的魔法。陸續改進運動的姿勢,在跨欄時把上半身向前屈,讓單邊的手臂引導前腿,而「前腿向前伸展,後腿彎曲」,這動作像是在低空流暢的畫了一個長型弧線。

從此,跨欄選手的動作就越來越精細,不斷修正上身和雙臂前傾引導的幅度,跨欄時要減低跳躍高度,在接近欄架時應該保持速度,而不是降速,前腿伸直跳過欄架後,後腿就要迅速跟上。過程中選手的身體還要幾乎保持水平,這樣才能節省時間,讓動作更加流暢,保持在高速的狀態下越過欄架,結果看起來就像是跳起來飛踢的瞬間啦!

 欄架倒了怎麼辦?選手還可以繼續跑,除非故意用手推或用腳踢倒。身體其他部位碰倒欄架都不算犯規,但會因此減低速度,比賽成績會變差。

跨欄跑真的像飛踢？

　　跨欄跑的動作真的和空手道或跆拳道的飛踢這麼像嗎？仔細研究，雖然有相似處，但也有些不同呢！像是跨欄跑時，運動員的前腿會盡量打直並迅速抬起越過欄架，這和空手道或跆拳道一腳筆直的伸出去攻擊目標，非常相似。

　　但後腳的運動模式就不同了，空手道的飛踢是跳躍起來之後，兩腳的方向都朝向前；跆拳道的飛踢腳，則是需要另一腳穩穩的站好地面，平衡著身體；而跨欄跑的後腳則是在前腳筆直的提起之後，自然的縮起，仔細觀察會發現其實相當不同。不過，無論是要跨欄，還是要飛踢，這些動作都需要在短時間內產生巨大的力量來抬起腿，所以運動員在離地的那一瞬間需要強大的核心肌肉來發力，並且保持身體的穩定性。

看我的跆拳道飛踢！

◯ Q8
推擲鉛球時，選手為什麼要先滑步或旋轉呢？

原來鉛球是用推的，而不是用丟的！

咦，不是看誰把球投擲得更遠嗎？

鉛球有4公斤和7公斤，用丟的是丟不遠的！

你們看鉛球選手的姿勢就知道，這是個需要借力使力的田徑運動哦！

先有滑步、旋轉的動力，才可以**把鉛球推得更遠**！

「抱起球，夾在靠近下巴的頸部和肩膀中，壯碩的選手站定位之後，突然迅速的轉起兩三圈，把沉沉的鉛球推出去。」鉛球居然飛了將近23公尺遠，這是早期奧運比賽中，男子推鉛球項目最遠的紀錄，而且據說這個成績在30年後才被突破！

早期的推鉛球有各種姿勢

「30年！這麼久？」是的，推鉛球運動如果沒有歷經一代又一代的運動選手，在技術上的嘗試，確實很難有更多的突破。它的運動原理很接近古希臘和古羅馬時期的丟石頭比賽，是18世紀前軍事訓練的一部分，也有人說是士兵們在打仗之餘，經常進行的推擲炮彈活動，很早就已經用7.25公斤的鉛球來鍛鍊了。

只是不管是男性比賽用的7公斤，還是女生比賽用的4公斤球，如果比賽時只站在原地把球抬起來拋出去，不做任何增加動力的動作，會發現根本使不上力氣，球大多只會落在離你不遠的前方。初期的鉛球運動其實沒有太多的規則，可以原地推，也可以助跑推；可以單手推，也可以雙手推。直到參賽選手們陸陸續續的體悟出，推鉛球必須透過身體的滑步或旋轉技術來產生動能，便開始有了詳細的規則。

手指是彈跳板,支撐腳是彈簧

不過這裡我們先不探討規則,而是來看看推鉛球的小祕密。推鉛球運動看似概念簡單,但其實蘊含了相當多的人體力學。像是你可能以為選手們在投擲前,是用手掌掌心穩穩的握住了整顆鉛球,才夾在肩頸部中間推擲出去,但其實選手是把鉛球的重心放在手指指尖,讓手指變成鉛球的彈跳板,這樣才能具備彈性,在最後一刻多了把球彈出去的力氣。

又或者你認為選手應該是單純靠手臂力量,把球推出去的,但其實是運用自己的身體作為發射台,把雙腳微蹲,重心放在和舉著鉛球同一邊的右腿上,接著把右腿當作彈簧,讓力氣從下肢瞬間傳送到手部,才能把鉛球推送出去。

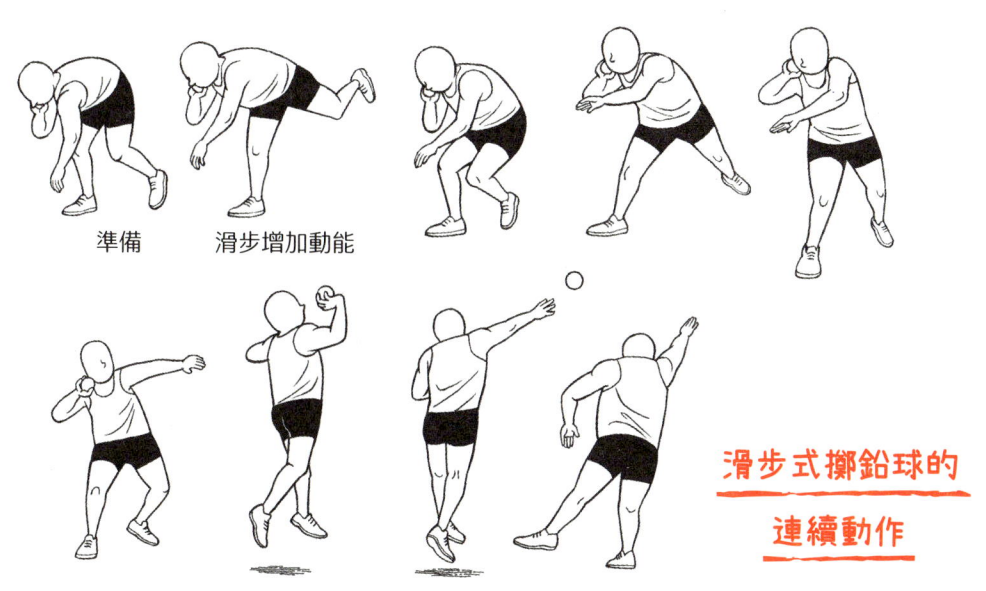

準備　　滑步增加動能

旋轉半身後用力一推!

滑步式擲鉛球的連續動作

滑步旋轉增加動能

大家困惑的：「為什麼鉛球選手需要在推擲鉛球前滑步，或是旋轉身體？」這個疑問，當然也和增加動能有關係了。滑步技術的姿勢是將重心先放到其中一隻腳當軸心，另一隻腳迅速滑動，然後身體轉向投擲方向，將鉛球推出，完成連貫動作。這種技術能讓運動員在短時間內增加加速度，產生更大的力量，所以也適合爆發力略小於男性的女子選手。

而旋轉技術是另一種提高動能的方式，也是現今男子推擲鉛球最普遍的動作，運動員會在投擲圈內快速旋轉兩到三圈，將身體保持低姿態以維持平衡，最後迅速轉身，並將鉛球推出。旋轉過程中，身體會像陀螺一樣，隨著速度增加，鉛球獲得的動能也會增加。這時候再順勢把鉛球推送出去，就會有極大的動力幫助鉛球飛得更遠，締造佳績。

鉛球運動雖然不是熱門運動，但它的魅力就在於技術與力量的結合，讓人對這項運動充滿敬佩的心情。

俯視旋轉式擲鉛球的連續動作

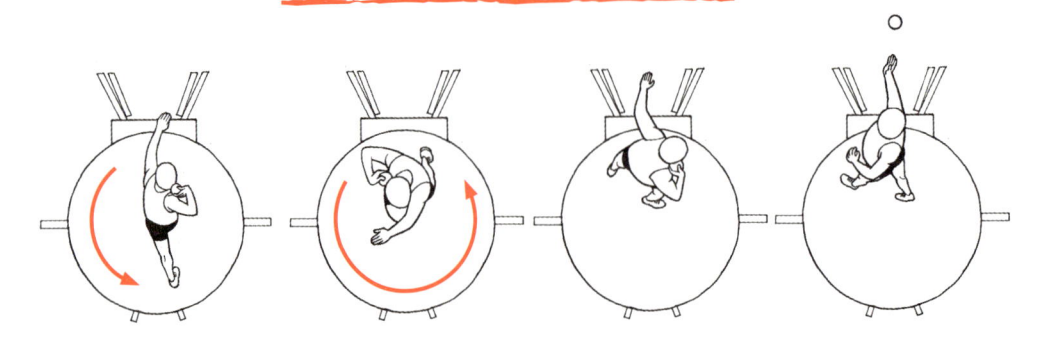

水上運動

Q9
人在水中不游泳，也能漂浮在水上嗎？

「夏天這樣漂著真舒服！」

「你好厲害，可以不用泳具就漂浮在水上！」

「因為凱開很放鬆吧！」

「是啊！人體和水的密度很接近，吸口氣放鬆漂起來沒問題！」

放輕鬆、控制呼吸，不游泳也能浮起來。

當你看著奧運選手在水中迅速前進，或是自己在游泳池裡玩水、游泳時，有沒有想過一個問題：我們人體和魚的構造一點都不像，為什麼透過學習一樣可以游泳，只要做對姿勢也能輕鬆的漂浮在水面上呢？

水有浮力，能讓你漂起來

先不管你怕不怕水，會不會游泳，我們來說個現象：當你跳進水裡面，水會對你施加一個向上的力量，這個力量就叫做浮力。浮力就像水給你的一個大擁抱，能夠把你托起來。不過，水把你托起來的力量大小，跟你跳進水裡後，排開的水的重量一樣。所以，如果你的密度比水小，浮力就能讓你像一艘小船一樣漂在水面上；但如果你的密度比水大，水的浮力就起不了作用，會讓你像顆石頭一樣直直的沉下去。

密度和浮力大有關係

水的密度約是每立方公分1公克，表示1立方公分的水，重量是1公克。我們常常以物體的密度和水相比，密度比水大的會沉入水中，密度比水小的會浮在水上。而我們人體的密度，大約在每立方公分0.98到1.06公克之間，也就是說，人體的密度和水的密度原本就非常接近，人體只要稍微改變姿勢就能像小船一樣漂起來。

吸氣能降低身體密度，更容易漂浮

　　我們的身體裡有很多不同的組成，像是脂肪、肌肉、骨頭等，這些的總合會是人體在水面上的密度，像是脂肪的密度比水小，所以它會幫助我們漂浮；而肌肉和骨頭的密度比水大，它們比較容易讓我們往下沉。但幸運的是，大多數人的總體密度剛好都會比水略小一點點，人體胸腔又是位於身體正面而非背面，所以很多時候我們只要在水裡放鬆、平躺，減少肌肉用力變沉重，就很容易漂起來；又或者你深吸一口氣，讓肺部、胸腔充滿空氣，你會發現自己浮得更好，因為空氣的密度比水小，有了空氣後，你的總體密度就會降低，讓你能夠享受漂浮在水面上的樂趣。

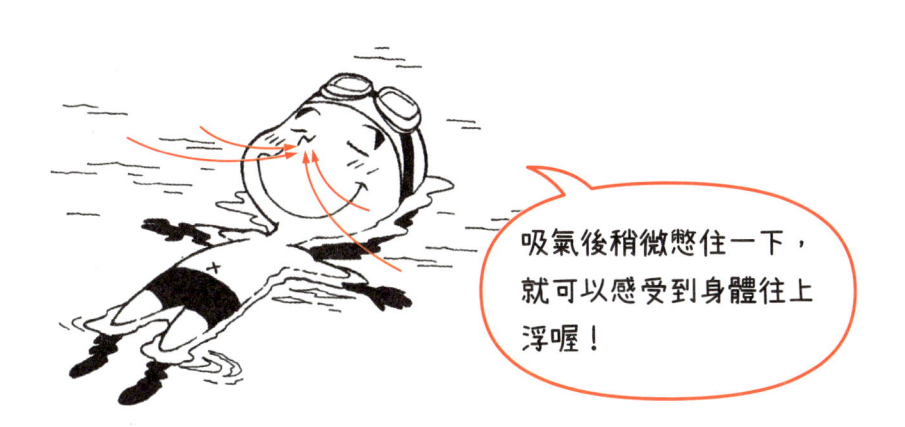

吸氣後稍微憋住一下，就可以感受到身體往上浮喔！

一般來說，女生的體脂肪比男生高，脂肪有浮力，所以女生通常能浮得較好。如果是在海上仰漂，因為海水的浮力比淡水大，只要記得放鬆身體，在海裡更能輕鬆做到仰漂喔！

水中自救的方法

現在我們認識人體可以漂浮的原理了，來進一步學習漂浮的方法吧！想像自己是一塊漂浮的木板，身體往水面上輕躺，頭部放鬆，眼睛看天空，雙手雙腳可以像大字型那樣大大的張開，這需要克服心裡的恐懼，但這個姿勢可以增大你的排水量，增加浮力。

又或者仰躺之前，我們先深吸一口氣，讓胸腔充滿空氣，利用空氣降低身體的密度，更容易漂浮，只要學會慢慢的呼出氣，再快速的換氣吸氣，肌肉不要過度用力，就能平穩的漂浮起來。

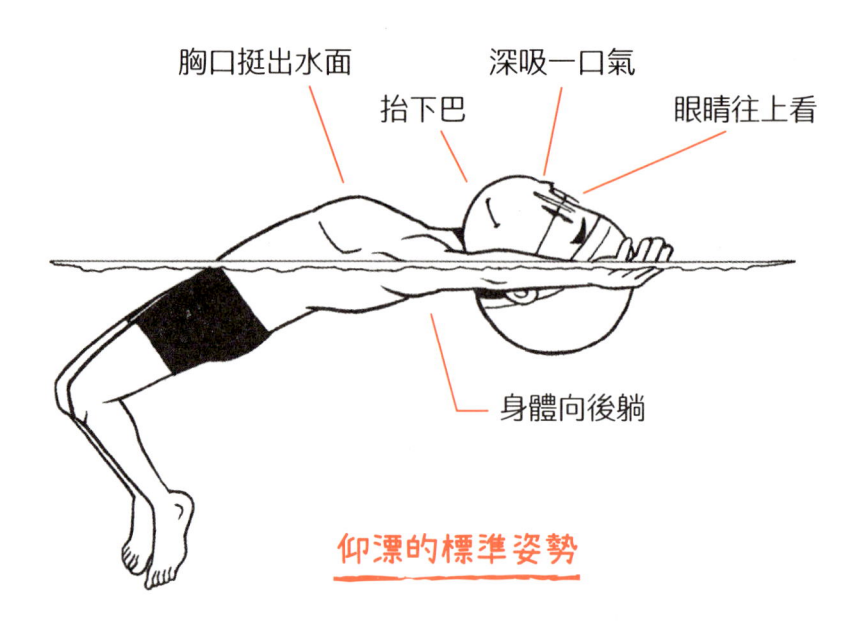

胸口挺出水面
深吸一口氣
抬下巴
眼睛往上看
身體向後躺

仰漂的標準姿勢

Q10
水上芭蕾選手表情好誇張?

選手比賽的表情本來就這麼誇張嗎?

我比較好奇鼻子為什麼要夾著小夾子!

誇張的表情和小夾子,都和呼吸有關呢!

誇張的表情和**呼吸控制**有關係，也是為了讓人看清楚。

看著水上芭蕾選手的表演，確實有時候會因為他們的表情會心一笑，心裡想著為什麼表演要這麼誇張呢？難道是比賽規定的？還有鼻子上的小夾子實在讓人很在意，但每個人都夾著，為什麼？

水上芭蕾是一項運動比賽，也是一種需要觀眾欣賞的表演藝術，運動員會通過誇張的表情來傳達情感和即將展現的故事，因為這樣可以讓觀眾即使坐在遠處也能清楚看見，自己的表現是否和表演的主題能夠契合，這和我們看到啦啦隊競賽時選手總是表情誇張是一樣的。

再者，水上芭蕾的選手有很多時間會在水下，當他們在水上時，又常因為水花四濺，看不清他們的臉部表情。但是選手並不能因此而鬆懈，所以只好加強和放大表情，才能讓觀眾更好理解他們的情感表現。更重要的是，在一些正式的比賽中，水上芭蕾的評分標準也包括藝術表現力，這時運動員就更需要通過誇張的表情，來增加表演的感染力和視覺衝擊力，才能獲得更高的評分，脫穎而出。

水下憋氣加重了誇張的線條

雖然是因為表演而需要有誇張的表情，但觀眾們應該也都有發現，這些誇張的表情比一般陸地上表演者的表情更加僵硬了一點，還有人說是猙獰！為什麼呢？他們真的不是故意的，這和在水中憋氣大有關係。

選手在水中表演，每次在水下至少需要閉氣30秒，頻繁的閉氣和換氣，在水中上上下下穿梭，這些呼吸動作就影響了臉部的肌肉線條，讓表情看起來有點猙獰。特別是當選手經歷了長時間的閉氣，演示完腳部的水上動作，準備從水下切換到水面上呼吸時，選手就會藉此換氣而大吸一口氣，臉部表情顯得更明顯，觀眾也就正好看到誇張的表情了。

　　此外，水上芭蕾是一項非常耗費體力的運動，要同時進行高強度的體力活動和複雜的技術動作。過程中，選手會為了保持所有的動作都能和隊友精準的同步，臉部的肌肉就會不自覺的因為需要高度的專注力而緊繃，表情看起來就會僵硬又誇張。

人體的呼吸系統

人的鼻腔和口腔是相通的，我們呼吸時，可以透過鼻腔或口腔將空氣吸到肺部。而游泳時，我們是閉氣進入水中，以鼻子吐氣，游到水面再以嘴巴吸氣，一方面可以吸入大口的空氣，一方便避免鼻子吸水嗆到，而嘴巴吸到水比較容易吐出。

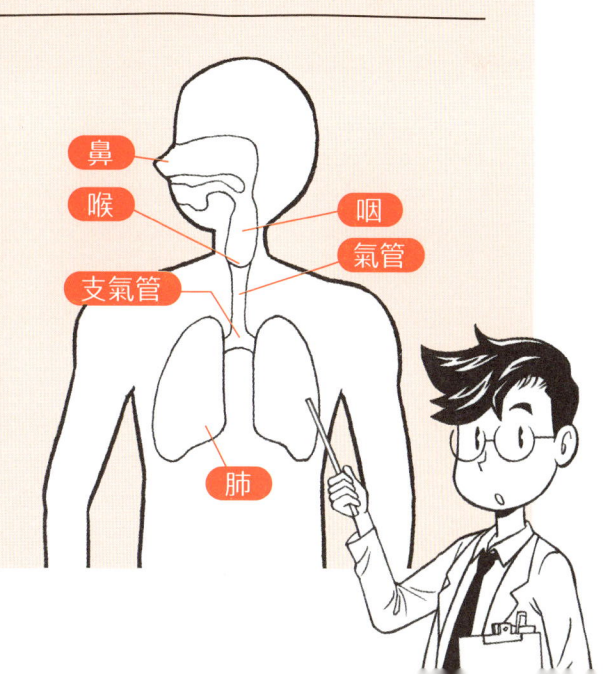

鼻　喉　咽　氣管　支氣管　肺

鼻夾能幫助選手不嗆水

每一位水上芭蕾選手鼻子上都夾著的小夾子，又叫做「鼻夾」，通常是由柔軟的塑膠或金屬製成，靠近鼻子的地方會有矽膠墊，以增強舒適度和穩固性。對水上芭蕾選手來說，鼻夾的功能很重要，它主要是防止水流進入鼻腔。

表演中，選手需要經常在水中和水面之間來回穿梭。如果水進了鼻子，會讓他們不舒服，甚至嗆到。鼻夾就可以有效的防止這種情況發生，讓他們專心表演，減少嗆水的擔憂，才能提高技巧表現。在水下長時間閉氣是每個水上芭蕾選手都要做的事，戴上鼻夾後，選手會像是擁有得力助手，控制呼吸變得比較容易。

派派變厲害了！

Q11
水上芭蕾選手倒立時，都在水下做什麼？

喔！他們在水中倒立！

是撐著泳池地板嗎？水池很深耶？

撐著地板就犯規了！他們在水下就像鴨子划水，超忙的！

水上芭蕾選手倒立時，水下忙著用手划水，絕對不是撐著地。

每次看著水上芭蕾運動都有一種很驚喜的感覺，倒立的動作幾乎很常見，可是當選手倒立表演時，他在水面下的身體在做什麼呢？其實就像鴨子划水，但水上芭蕾選手要做的，又比鴨子單純划水的技能還要多更多。到底水上芭蕾運動怎麼比賽？水下的肢體又是怎麼運作的？

結合游泳、體操和芭蕾的競技

水上芭蕾其實就是在水裡跳舞！所以一名水上芭蕾選手的運動技能，必須結合游泳、體操和芭蕾，才能在水中做出各種優雅的動作。

競賽時，不管你參加的是團隊，還是個人項目，都得秀出一段類似音樂劇表演的身手，並且把裁判要看的技巧融入在裡頭。像是，如果選手參加的是「規定動作」的競賽，就必須要在整段表演中，安排比賽規定的指定動作，例如：推進、上升、下沉和轉身等動作，裁判會依據選手做出來的完整度，或技巧純熟度來評分。

又如果是參加「自選動作」的競賽，那麼選手就可以在時間限制內，設定主題，自己編排音樂、節奏和動作，把一些水中技巧加入表演中，裁判會依據選手表演的花樣動作技術難度、動作完成準確度和藝術程度做出評分。像是水中托舉、旋轉或魚躍……都可以，例如：有選手把這些動作融入殭屍的劇情，安排刺激的音樂，所以也很像一場水中舞台劇。

不管參加哪一種比賽項目，水上芭蕾有一條一定不能做的規則要遵守，就是：「不能踩到游泳池底部的地面，來為你做動作的助力與支撐」，所以每一位水上芭蕾的選手，得讓自己維持漂浮在水中的一個範圍作表演，手和腳在水裡的時候都一直在划動著。

手划水配合腳踢水，做出各種動作

來說說手臂動作吧！我們游泳時都知道，正確的划動手臂可以幫助我們前進。所以在水上芭蕾中，運動員也會通過划動手臂來推動身體，調整姿勢和平衡。改變划水的方式，還能產生不同的推進力和方向控制。而腿部的踢水動作可以幫助運動員保持漂浮，並且提供推進的力量。當運動員垂直踢水時，可以上升或下降；而水平踢水時，則能左右前進移動。所以選手在水中進行旋轉或翻轉時，就是通過手臂和腿部的動作切換，來改變旋轉速度，比如收緊四肢可以轉得更快，伸展四肢則會減慢旋轉速度。

頭下腳上是難度很大的動作，運動員不僅要長時間憋氣，雙手還要不斷划水才能保持姿勢。

運用水的阻力

另外，不管運動員做什麼動作，還會有個「水阻力」，就像我們在陸地上跑步會感覺到阻力一樣，水中也有。運動員會利用這種阻力來減速或停止某些動作。例如，張開手掌或腳掌，能增加水的接觸面積，這樣就能減速或改變方向。

因此當你看到水上芭蕾選手在水中旋轉、翻轉，甚至漫步，都是他們在控制自己的核心肌群，並且善用手臂和腿，來透過水的阻力完成這些漂亮的動作，就像隻真正的美人魚呢！

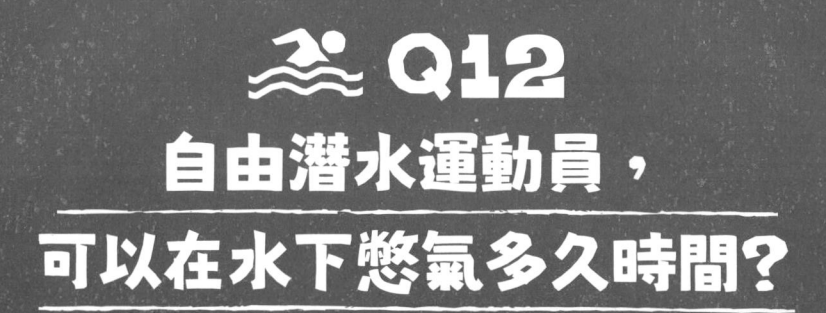

Q12 自由潛水運動員，可以在水下憋氣多久時間？

喔，凱開可以憋氣32秒！

在水下憋氣度秒如年耶！

對啊！一般人通常憋氣30秒到1分鐘，就會開始受不了！

世界紀錄保持人可以憋氣24分鐘喔！

正常狀況下，受過特訓的自由潛水員可以在水下 **4～5分鐘**喔！

「為什麼我們要研究潛水員能在水下幾分鐘呢？潛水不是會帶著氧氣瓶嗎？」這是我們一般的印象，但其實潛水又分成「水肺潛水」和「自由潛水」，帶著氧氣瓶的是「水肺」，而「自由潛水」是一種不穿戴任何呼吸設備，在水面上深吸一口氣，只靠自己屏住呼吸，就潛入水中的運動，好像一條自由自在的海豚哩！

「完全不帶裝備？那就是憋一口氣，鑽進水裡玩，又再到水面上吸一口氣，對嗎？」、「我每次玩水的時候都是這樣，跟自由潛水很像吧？感覺不難啊？」原本就熱愛玩水的人，可能會這樣想。但短暫的憋氣玩水和真正的屏住呼吸4～5分鐘，潛入海水中，還是很不一樣的。

水肺潛水　　　　　　　　　　**自由潛水**

冷靜才能持久

當你真的試圖想在水下屏住呼吸很長一段時間,你會發現這可不是件輕鬆的事。因為只要超過1分鐘,你的身體會開始瘋狂的向你發出信號,提醒你需要吸氣,因為你需要氧氣,細胞需要氧氣!這時,你可能會感到有點緊張,甚至害怕。所以自由潛水最難的地方不是會不會游泳,而是學會如何在水下保持冷靜,不讓自己太緊張,這樣才能屏住呼吸撐過更長的時間。

如何學會長時間屏住呼吸?

首先,你需要學習如何正確的呼吸,這可不是隨便吸一口氣那麼簡單。你需要進行深呼吸訓練:慢慢的吸氣,讓空氣充滿肺部,然後慢慢呼氣,這樣可以讓你在潛水前吸入更多空氣。或者還有一種腹式呼吸法:試著在吸氣時,讓你的肚子像氣球一樣鼓起來,而不是只讓胸部有起伏,這種呼吸可以讓你儲存更多的氧氣,來延長屏住呼吸的時間。

接下來,是屏住呼吸訓練。在家裡或游泳池裡,找個安全或有救生員的地方,開始練習。先深吸一口氣,儘量屏住呼吸。剛開始時你可能只能堅持幾秒,但是慢慢的,你會發現自己可以屏住呼吸的時間變長了。這就是透過反覆的練習,教會你的身體如何提高二氧化碳的忍受度。過程中,心理的訓練也非常重要。深呼吸、冥想、或者只是閉上眼睛數數,想像自己在一個安靜的地方,都是很有用的方法。

海女也是自由潛水好手

那麼，一般人可以屏住呼吸多久呢？大多數未經訓練的人通常只能屏住呼吸約30秒到1分鐘。如果你進行了一些系統化的呼吸和屏住呼吸訓練，可能可以將時間延長到2分鐘，有些頂尖選手甚至可以在不游動的狀況下，憋氣達到10分鐘以上！

像是最有名的，以潛水採集海鮮為生的「海女」，其實就是自由潛水高手，個個幾乎都可以在水下屏住呼吸長達2到3分鐘，並且能潛到10到20公尺深的海底採集貝類和海藻。這種傳統技藝已經傳承了幾百年，更是自由潛水最經典的典範。

Q13 水球是傳說中最難的運動？

不就是站在水中接球、丟球？這個運動很難嗎？

會不會是球很滑，很難接？

注意看腳，水球的規則和水上芭蕾一樣，雙腳完全不能碰池底喔！

水球運動難在**雙腳不踩地**，又要**單手傳接球和進攻**。

「水球是像校慶裡砸水球遊戲的那種運動嗎？」別誤會了，差很多！水球是一項結合游泳、手球、籃球和橄欖球的水中運動，一直有著奧運最難項目的封號，可是光看著比賽片段卻很難理解水球到底有多難？讓我們從水球運動的重要規則，來認識水球運動的高難度。

競賽中雙腳不能碰池底

水球運動的玩法有點類似足球，射入對方球門次數多的一方，就可以贏得比賽。只是前進移動時，水球運動員不是跑步而是游泳，並且要遵守「雙腳不能踩踏池底，也不能全身潛入水中」的規則，所以比賽轉播中看起來很像站在池底，露出半身的球員們，其實不是站著呢！

蛙式踩水　　　　　　打蛋式踩水

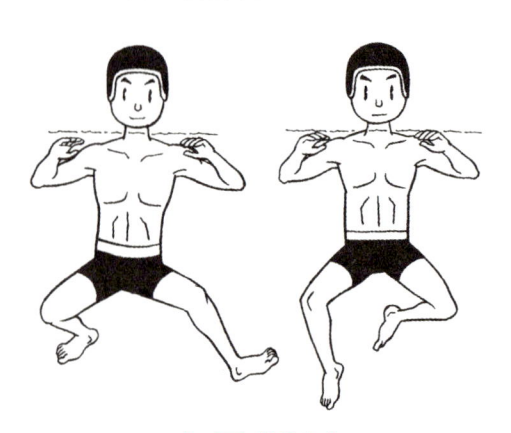

他們一點都不輕鬆，雙腳會像個水下螺旋槳，不斷的踩水，才能讓自己浮出泳池水面。一場水球比賽，每一位水球運動員至少會持續踩水30分鐘以上，甚至更久，守門員當然也不例外。如果你想要知道這有多麼累，可以試著進入泳池不踩地，努力的踩水，不潛入水中也不漂浮休息，讓上半身維持在水面上，看看自己可以維持幾分鐘。

只能單手拿球加上游泳

在陸地上，足球員除了守門員，其他球員都不能用手控球，而是用雙腳邊跑邊踢球做傳送。水球運動也有類似的規則，是除了守門員可以雙手接球，其他水球員都只能用單手碰球！過程中如果要快速傳球，就是單手抓著水球加上游泳移動，並且不能超過3秒，一旦另外一隻手或是身體其他部位同時碰到球都會犯規，還有球也不能故意壓入水中。雖然水球的球有經過特殊設計，讓人比較好抓握，但要在水中這樣做，還是相當不容易。

想像我們自己去玩水時，和朋友把皮球拋來丟去，並且規定大家只能用一手接。你很快就會發現，只是要把球拋出去，或是在水中靠雙手接住球，都有可能失誤連連。而水球運動員卻還要在對手的防守和干擾之下單手接球、游泳追球，緊接著又要精準的傳球給隊友、或者直接進攻射門，這要經過多少訓練，才會有扎實的功力呀！

> 水球選手的運動量很大，每場比賽不斷來回追球、防守，等於直線游泳約5公里。

有氧、無氧必須切換自如

不斷踩水讓自己漂浮是有氧運動，瞬間躍起接球、進攻或干擾是無氧運動，水球就是有氧運動結合無氧運動的一種競賽，所以人體在這項競賽中需要持久性的體力，也需要瞬間的爆發力，還要有長期累積比一般運動員更好的水性，再加上水球需要的運動技術，才會被評為奧運最難的項目。

很多人以為水球是一門又困難又冷門的運動，所以還沒認識前大多興趣缺缺。哦，別這麼想，在部分歐洲國家裡，水球可是「第一運動」，像是丹麥、瑞典和挪威，甚至是美國，他們熱愛水球勝過足球，只是我們還不夠熟悉呢！

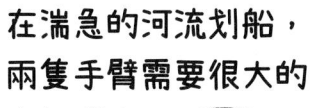

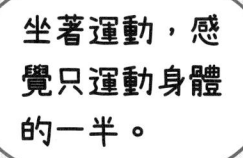

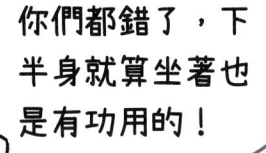

Q14
輕艇激流只靠上半身用力划？

在湍急的河流划船，兩隻手臂需要很大的力氣呢！

坐著運動，感覺只運動身體的一半。

你們都錯了，下半身就算坐著也是有功用的！

沒錯，輕艇選手在船裡的腿，就像「船舵」！

輕艇激流選手的**下半身是船舵**，掌控著船艙的角度和方向。

輕艇激流一聽就知道，要划著輕艇在激流上競賽。但在我們的生活經驗裡，腦中可能搜尋不到這樣的資訊，所以開始出現旅遊節目或是休閒運動獨木舟的畫面，可是這一切是不一樣的。

輕艇名字輕盈，但運動過程卻要非常奮力，對人體來說非常耗能。他們要在激流河道中，通過設置在水中的一系列標桿或桿門來競速，這些標桿通常懸掛在河道的不同位置，選手必須依序通過，不能碰到，綠標桿要順向過，紅標桿要逆著水流過，看看誰能用最少的秒數抵達河道終點，但若不小心錯過標桿就會直接增加50秒，成績就會大幅落後！

所以整個過程，輕艇運動員的上半身都非常忙碌，忙著用上肢的力量透過划槳的槓桿原理，再借助水的助力和阻力，進行加速或轉向，這樣才能以最小的力量產生最大的推動力。這握槳的方式其實有點像是學生下課拿著掃帚準備打掃教室的動作呢！

> 輕艇競速是在平靜水域比賽，需要的是爆發力衝刺，而輕艇激流重視的是身體的靈活性，兩者運動技巧十分不同喔。

> 為了對抗強勁的水流，雙手要拚命划動，還得用腳來控制方向，才能讓輕艇依照標桿的指定方向移動！

扮演船舵和穩定器的下半身

　　輕艇激流的水流變化比翻臉或翻書都還快，運動員的反應就要更快，他們要迅速的做出判斷並且執行動作來應對要過關的標桿，但是又不能失去重心和平衡導致翻船。

　　這時，被大家以為坐著沒事做的下半身就忙碌了起來，它們繃著腹肌、背肌、臀肌和大腿肌等核心肌群讓選手在急流中能保持平衡，尤其是臀部和雙腿，雖然坐在船艙內，卻擔任舵手般的角色，它們支撐船艙的角度，只要稍微一個傾斜或扭轉，再加上水流的推動，就有可能造成自己大大的偏離心中預想的運動路徑，又或者只要稍加施力錯誤，也會影響上半身划槳動作的表現，導致整體性的出錯。因此，輕艇激流運動員的下半身，看起來像輕鬆坐著，卻是整場都在使勁，並沒有一絲的悠閒，可別誤會它們啊！

核心肌群在哪裡？

人體的核心肌群是一組位於軀幹中間，負責穩定身體，提供脊椎支撐力的肌肉組織喔！它的範圍包括腹部、背部、骨盆和臀部，甚至有人認為大腿中段都算核心肌群。如果從肚子開始像洋蔥那樣一層一層的往下探究，還可以分為淺層到深層。

淺層核心肌群最有名的就是「腹直肌」，直直的像條安全帶，幫助你坐直。而「腹外斜肌和腹內斜肌」讓我們能側彎和不移動腳步可以左右旋轉身體。再往裡面，來到深層核心肌群，像護腰一樣包覆著脊椎的「腹橫肌」，幫我們穩定腰椎和骨盆。接著轉到人體的背面，在脊椎有許多小肌肉組成的「多裂肌」，把一節節脊椎連結起來，彎腰、起身時脊椎就不會晃動。

再往下還有「骨盆底肌群」，幫助內臟乖乖的待在正確位置。而「臀大肌」和「臀中肌」則是穩定骨盆和下背的功臣，讓你走路跑步都不會搖來搖去。這些肌肉們各司其職，少一個都不行，全都是身體不可或缺的隱形肌肉英雄！

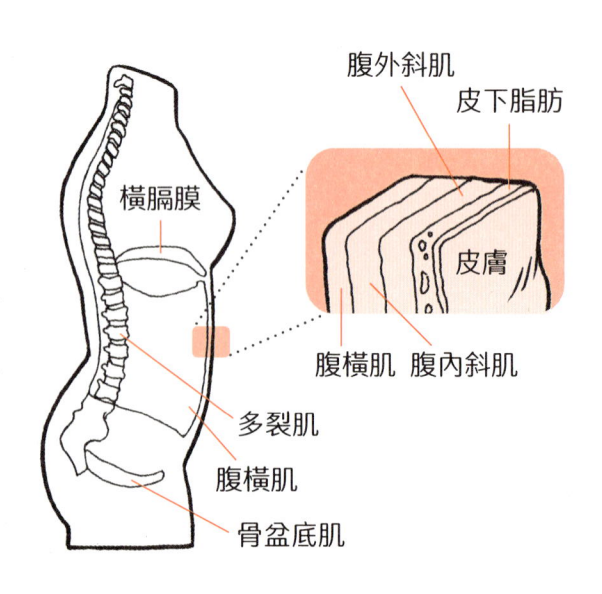

射擊運動

◎ Q15
射擊選手是用單眼瞄準，還是雙眼？哪一個比較準？

射擊運動要用單眼瞄準才準吧？

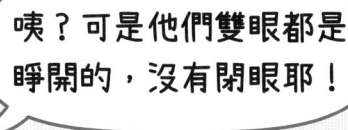

咦？可是他們雙眼都是睜開的，沒有閉眼耶！

直接閉眼的單眼瞄準，也許會影響選手的瞄準準度喔！

射擊選手通常以單眼瞄準，但打得準不準不全是眼睛的問題。

給你一把玩具槍，你通常就會閉起單眼，抬起手槍用單隻眼睛假裝瞄準，做出射擊的動作，像在夜市裡射擊氣球的遊戲那樣。但是轉頭看看奧運轉播賽，選手們不太做出閉單眼動作，反而是兩隻眼睛睜得大大的，帽緣夾著一片遮眼罩，或一副有鏡框的眼鏡上面夾著擋片，這到底是用一隻眼瞄準，還是兩隻眼睛啊？單眼瞄準才對，還是雙眼好呢？

瞄準用單眼或雙眼，各有優缺點

先撇開奧運比賽這件事，以射擊瞄準來說，單眼或雙眼各有優缺點。像是單眼瞄準很適合射擊新手，可以更專心的看著瞄準器，不會有需要對焦的問題，而讓眼睛感到困惑。但缺點是，只能看到一邊的視野，這樣可能會錯過旁邊發生的事，還有閉著眼睛會牽動臉部的肌肉，其實會影響瞄準的穩定度。

所以相反的，雙眼瞄準可以讓你看到更廣的視野，這對於要快速轉換攻擊目標的人來說很有幫助，像是真實世界裡需要戰鬥防身的人，或者是在參加漆彈營中的遊戲。不過，雙眼一起瞄準是比較困難的技術，因為要同時看清楚瞄具，又要對準目標，這需要一些焦距切換的練習。

> 我要學奧運選手，張大雙眼來練習射擊！

單眼瞄準能讓選手更專注

　　回到射擊運動項目中，我們知道射擊運動的槍枝有很多種，射擊瞄準的距離也不太一樣，不管是短的手槍、火槍或是長的步槍,我們都能發現，選手們普遍是帶著一片擋片，讓自己看起來好像在用雙眼視覺，但實際是用單眼瞄準靶心，就像我們在做左右眼的視力檢查。有了眼睛的遮擋讓選手不用刻意閉眼，也能用單眼來瞄準靶心，如此一來臉部肌肉就不需要因為閉單眼而拉扯，進而影響到發射子彈瞬間的穩定度，又能有輕鬆使用單眼的效果。

　　透過各位選手的選擇，我們就能明白，以比賽來說，選手不需要注意突來的突襲，或是有生存危險，追求的反而是專注力，因此，在奧運比賽中的射擊項目，選手們通常會選擇專注度較高的單眼瞄準，來幫助自己更穩定。

圖片來源：維基百科

> 射擊眼鏡通常一邊是遮擋片，另一邊有可能是近視矯正或減少光線干擾的鏡片，這都能幫助選手瞄得更準喔。

視覺範圍有多大

　　人的視覺範圍就是指眼睛能看到的區域，視野是有「角度」的。一隻眼睛大約可以看到155度的水平方向，垂直視野從頭頂上方60度到腳下方75度，總共135度。兩眼同時看，左右眼的視野約重疊120度，叫做「周邊視野」，而周邊視野的正中間30度區域是「中央視野」。

　　「中央視野」是眼睛看得最清楚的區域，像是閱讀文字，看清楚物體的輪廓和顏色等。而兩側的「周邊視野」，讓我們在不必轉頭時，可以察覺動作、光線變化或物體的大概輪廓，幫助我們感知周圍環境，像是走路時就不會被東西絆倒。

　　不過，視覺範圍的大小和清晰度會受個人視力、年齡及健康狀況的影響，因此愛護眼睛，才是保持良好視力範圍的關鍵。

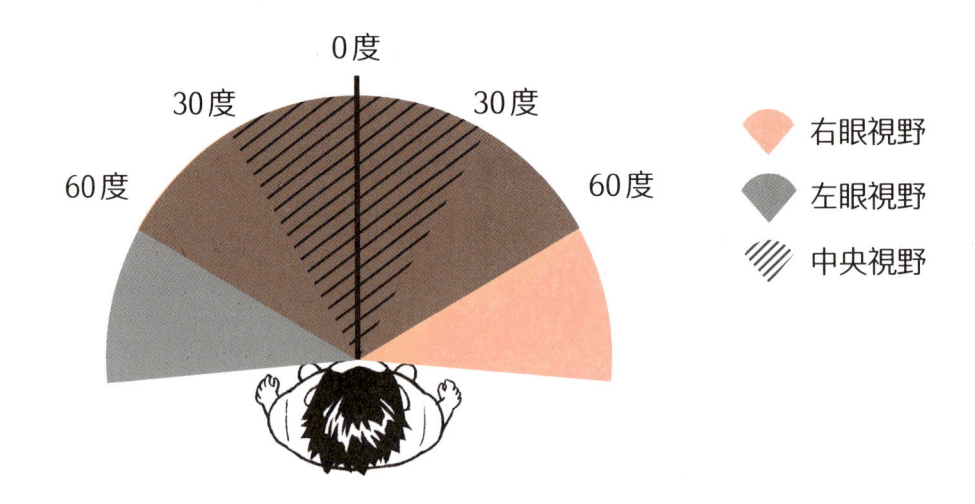

0度　30度　30度　60度　60度

右眼視野
左眼視野
中央視野

Q16 射擊運動裡的步槍三姿，立姿射擊是最難嗎？

我覺得是這個，趴著還要射擊，一定很累。

我罰跪過，跪著很累，所以最難！

都猜錯了，是站立姿勢難度最高喔！

50公尺步槍三姿中，臥姿最穩定，立姿確實最具挑戰性！

　　站立著瞄準靶心射擊，不是射擊運動中最常見的動作嗎？怎麼會是三個姿勢中較難的呢？這項運動要怎麼進行，三種不同的射擊姿勢又該怎麼做，瞄準或托槍時有沒有差別，一起來看看細節吧！

　　50公尺步槍三姿射擊，是要選手們從50公尺遠的地方瞄準並擊中靶標。這個靶標就像個小圓盤，直徑有10.4公分，靶心中最難的10分圈，只有一枚硬幣大小！比賽中，每位選手需要以跪姿、臥姿和立姿三種姿勢進行射擊，每個姿勢都要射40發子彈。雖然選手們絕對有能力來完成這些射擊，但他們還是得在規定的時間內完成。每發子彈的得分取決於它擊中靶心的位置，最靠近中心的得分最高，得分最多的人就是勝利者！

三種射擊姿勢怎麼搭配舉槍？

　　跪姿時，選手會單膝跪在地上，另一隻腳穩定的折放在地面，槍托靠在肩膀，並用手肘支撐在膝蓋上保持穩定。做這種姿勢時，選手運用到的是腿部和核心肌肉來支撐身體，並且要控制好平衡和重心，才能減少槍枝的晃動，保持射擊的準確性。

臥姿是選手平躺伏貼在地面進行射擊，雙手持槍，雙肘撐地，槍托同樣抵在肩膀上。由於選手的身體完全貼近地面，少了一個要運用肌肉控制的部位，選手只要好好調整手臂的穩定性，和抓到呼吸的節奏來配合呼氣做射擊就沒什麼問題了。

立姿動作就複雜了點，選手站著時，雙腳要跟肩膀一樣寬，雙手握著槍，槍托緊貼在肩膀上。接著，還要讓視線跟這把重重的步槍保持同步，在同一個水平線上瞄準。這感覺就像是要把整個身體交給雙腿支撐，然後靠著核心肌肉和腿部的力量穩住自己，這樣才能沉穩的射擊！

立姿為什麼最難呢？

比較過三種姿勢後，我們就能夠說明，立姿為什麼比其他兩種姿勢難。因為選手在立姿狀態中，身體的重心比較高，稍微一晃就會失去平衡瞄不準，而跪姿和臥姿重心都偏低，自然就比立姿容易維持穩定。

同時在比賽中，選手需要長時間站著，穩穩的舉著5～8公斤的槍，就像讓你站很久，還要規定你拿著重物不能動，這對身體的核心肌群要求很高喔！

另外，在立姿中，呼吸控制也變得較有難度。因為直立的身體不夠穩定，連一小口呼吸都可能讓槍口產生晃動，你可以試著拿一杯水，反覆的呼吸，你會發現自己手裡的水面也在跟著晃，一點都不好控制。所以立姿時，選手還會非常小心的控制呼吸，確保槍口穩定不動，這樣才能準確的瞄準目標。

最後，立姿還需要選手有很高的技術和專注力。想像一下，你要在一個搖搖晃晃的小船上瞄準一個小小的靶子，還要在不受任何干擾的情況下扣動扳機。這可不是一件容易的事，所以立姿也因此比其他姿勢更具挑戰性。而選手需要花更多時間來練習，才能在比賽中打出好成績。

> 曾有專家做過實驗，比較站立、坐著和躺著所消耗的熱量：研究結果指出，坐著比躺著多消耗3%的卡路里，站著又比坐著多消耗12%卡路里，可見得光是站立消耗的能量就比較大了。

舉重

1-1 Q17
為什麼有些舉重選手會綁上腰帶？

是不是因為她受傷了？

腰帶有支撐的功用，我猜這樣能幫助舉重選手。

沒錯，腰帶是舉重選手的祕密武器，能支撐身體的核心肌群，減少受傷，還能幫助她舉更重。

舉重腰帶可以讓**軀幹更穩**，選手就能舉起更多重量。

舉重選手可以舉起比他的體重重2倍到3倍的槓鈴，最大的祕訣就是肌肉用力的時候，軀幹很穩，更進一步說，是他們的「核心肌群」出力時不會隨便晃動，保持緊繃的狀態，保護背部並支撐整個動作，讓舉重選手可以舉起比自身體重還重的槓鈴。而且他們在穩定舉起槓鈴的那一剎那，還會憋氣，在沒有氣流的干擾下，讓軀幹保持在最穩定的狀態。

訓練核心肌群的控制

從舉重選手舉重的過程，可知核心肌群在他們出力時非常重要。核心肌群指的是橫膈膜以下、骨盆底以上，連接我們的上半身及下半身，圍繞著脊椎和骨盆腔的肌肉。一般人很少用到這些肌肉，需要透過練習才能有意識的控制它出力。雖然在沒有影像的輔助下，很難確定它有沒有出力，不過我們可以透過腹式呼吸，感覺到核心肌群是可以控制的。這也是舉重選手一開始要練習的入門功課。

> **腹式呼吸**就是將氣吸到肚子裡的呼吸方式。鼻子慢慢吸氣時，肚子鼓起來，位在肚臍下方、核心肌群的腹橫肌會變得緊繃，吐氣時，會放鬆消下去。練習時必須快吸慢吐，就能感受到核心肌群正在出力。

舉重腰帶的功能

舉重選手在執行深蹲、硬舉等動作時，腰部是最常造成運動傷害的部位，若核心部位一時放鬆，沒有持續產生張力，在大重量負荷下，非常容易發生肌肉拉傷。因此選手們會使用祕密武器——腰帶，輔助支撐軀幹，還能幫助舉起更多的重量。

> 有了腰帶的支撐輔助，我就能挑戰更重的重量。

不同訓練情況	腰帶的輔助功能
當核心肌群能正確出力。	減少脊椎搖晃、歪斜，穩定軀幹。
當重量超過背部肌群負擔的強度，而腿部肌群還有突破能力。	讓腿部能持續發揮力量。
當核心肌群沒有正確出力，或者姿勢不正確、呼吸節奏混亂。	減少錯誤的代償作用發生。

代償作用是指身體運用其他部位、組織，取代或減輕核心肌群出力的情形。過度代償時，替代出力的部位容易產生疼痛，反而會降低運動表現。

腹內壓的保護機制

當核心肌群與橫膈膜共同收縮，就能緊縮我們的腹腔，形成一個稱為「腹內壓」的壓力空間。它最重要的功能就是支撐我們整個身體的基底，讓脊椎、骨盆在這個穩定又封閉的壓力空間裡，受到保護，並且避免被重量壓垮。就像大樹的樹幹，面對風吹雨打，只要樹幹不動搖，大樹就依然屹立。同時它還能傳遞來自身體各個部位的肌力，讓我們能進行各種動作。

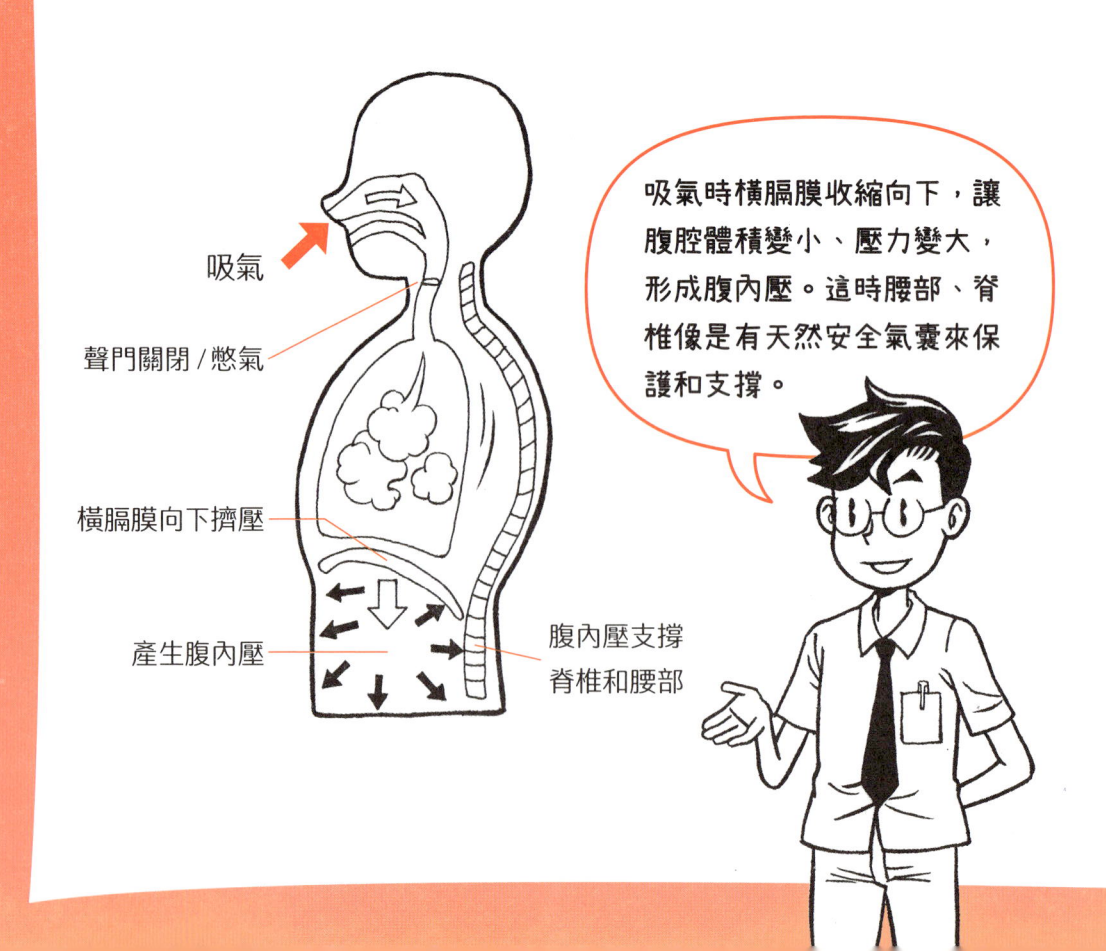

- 吸氣
- 聲門關閉／憋氣
- 橫膈膜向下擠壓
- 產生腹內壓
- 腹內壓支撐脊椎和腰部

> 吸氣時橫膈膜收縮向下，讓腹腔體積變小、壓力變大，形成腹內壓。這時腰部、脊椎像是有天然安全氣囊來保護和支撐。

Ⅱ—Ⅰ Q18
舉重選手都是身高不高，肌肉發達的身材？

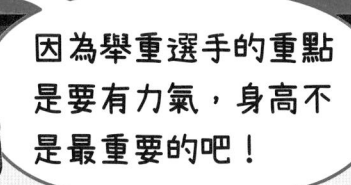

因為舉重選手的重點是要有力氣，身高不是最重要的吧！

小個子選手可以舉低一點，應該比較省力。

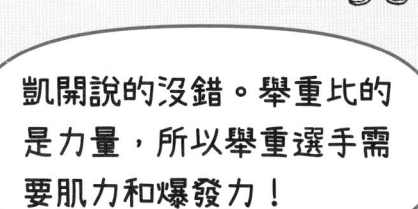

凱開說的沒錯。舉重比的是力量，所以舉重選手需要肌力和爆發力！

台灣舉重選手郭婞淳是59公斤量級，挺舉卻能舉起140公斤，超過她的體重兩倍！

舉重靠的是**肌力和爆發力**，不是肌肉大小和身高。

許多人對舉重選手的刻板印象都是個子較為矮小，肌肉發達，並且肌肉擁有強大的力量，可以舉起比他的體重還重的槓鈴。不過這只是刻板印象，並不見得正確。

身高是不利因素，但不是絕對

每個人的身高是天生的，舉重選手也是，並不是被槓鈴壓得越來越矮，或因為練了舉重才長不高的。舉重作為競賽項目，為了確保比賽的公平，不同體重的選手在舉重比賽中具有不同的優勢，因此比賽時，會將他們區分為不同的量級。體重在同一個量級，身高較高的選手，因為重心位移（重心的位置變化）較長，相對來說，施力比較不穩定，比賽時容易被淘汰，因此勝出的選手，身高普遍不高。

肌肉大，不一定有力氣

舉重選手看起來肌肉都很發達，但是肌肉比較大的人，卻不見得力氣比較大喔！健美先生、小姐大多練出一身完美的肌肉線條，他（她）們參加的健美比賽，評比的是肌肉的線條、大小，為了凸顯每一塊肌肉的形狀，他（她）們會個別訓練每一塊肌肉，以達到最佳的尺寸。因此健美先生、小姐雖有肥大的肌肉，不一定能舉起比自己體重還重的槓鈴。

比賽有兩個動作項目

舉重選手不是為了凸顯肌肉線條而訓練肌肉，而是為了負重，必須增加肌肉力量。舉重選手參加的比賽分為「抓舉」與「挺舉」兩個項目。抓舉是一氣呵成的將槓鈴高舉過頭，選手必須有足夠的爆發力，才能將重量瞬間從地面轉移到頭部。

挺舉則有兩個步驟，第一個步驟，選手必須先將槓鈴從地面平舉至頸前肩上，稱為「上搏」，第二個步驟，將槓鈴舉過頭頂，稱為「上挺」。選手需要強大的力量以及穩定性才能完成。

上搏　　上挺

挺舉在上搏時可以停頓休息和調整姿勢，再輸出最大的力量，因此挺舉可以舉起更多重量。

舉重選手的雙重訓練

由舉重比賽的項目便知，肌肉力量和爆發力對他們來說極為重要。所謂的肌肉力量，也就是肌肉最大的收縮力，一般稱為肌力。要鍛鍊肌力，除了用槓鈴訓練外，選手也會增加其他輔助訓練，像是負重划船、引體向上、倒立伏地挺身等方式。不管做哪種肌力訓練，都不是拚速度，而慢速做，逐步增強輸出的力量。

有了肌肉力量，再加上速度，就能增加爆發力。對抓舉而言，速度相當重要，速度越快，槓鈴能停留在空中的時間越久。因此舉重選手也會特別進行快速上拉槓鈴的速拉動作，這樣快速的輸出力量，是為了幫助身體記住，如何迅速產生力量。

拳擊

Q19
拳擊選手為什麼要一直跳？

跳來跳去，就打不到了！

跳來跳去，不知道要怎麼出招攻擊啦！

拳擊比賽要積極進攻才會得分喔！

拳擊手不斷跳動，可以調整雙方距離，才能快速拉近距離攻擊，或是退後閃避。

跳步讓拳擊手可以**靈活移動**，變換各種攻擊模式。

　　拳擊，顧名思義就是使用拳頭進行攻擊與防禦的比賽。照理說，既然是使用拳頭的比賽，那就不關雙腳的事，但是真實的拳擊賽，拳擊選手卻會不斷的使用「跳步」，讓觀眾看得眼花撩亂，原來拳擊賽比的不只是拳擊選手的拳頭，還有他們的體力和移動的速度。拳擊選手出拳是由腿來帶動身體，再由手臂把力量送出去，因此需要腿部及身體的其他部位，來共同維持身體的移動與平衡喔！

> 出拳時，力量從腳開始發動，再從拳頭輸出。

獲勝是比得分高低

拳擊比賽也不是用拳頭打架，勝負的評判在於得分的點數，而不是出拳的威力，得分不一定要給對方一記重拳，也許輕拳就能達到目的。所以拳擊選手進行攻擊時，喜歡頻繁的接近對手，貼近對方的身體，再伺機出拳。防守時，則會迅速的後退，不讓對方靠近自己的身體。

> **拳擊的評分**，除了擊倒對方，是以手套拳峰部位擊中對方頭的正面、側面、腰部以上的正面部位來給分。如果雙方近距離糾纏在一起時，則看誰的快速連續拳比較占優勢。

跳步增加了攻擊模式

當拳擊選手一來一回的移動，看起來像在跳來跳去，其實他們是藉由跳步，不斷的移動來調整攻擊和防守的距離。跳步在拳擊中非常重要，因為揮拳時，雙方的距離算得不夠精準，就算只差一隻手指，也無法擊中對方。

拳擊基本動作並不複雜，只有六種：左右直拳、左右勾拳、左右上勾拳，搭配跳步，穿插使用這六種出拳方式，就能變成各種攻擊模式。為了進一步模擬拳擊中出拳節奏和頻率、攻防的轉換速度，平常拳擊選手還會使用跳繩來精進跳步。利用跳繩練習可以培養更好的節奏感，尤其是左右腳交替跳，腳步能更靈活，並且提高小腿肌肉耐力，適應比賽中高強度的移動。

跳步怎麼跳

★ 跳動時，是前後左右位移。

★ 兩腿距離保持一樣。

★ 墊腳尖跳，不用跳高，有離開地面即可。

拳擊手怎麼跳跳繩

　　跳繩不難，一般人也會，但是使用跳繩來練習跳步，就必須特別注意一些細節：首先是握繩時，手不要抬得太高，輕鬆的放在腰部兩側到大腿之間的胯部兩側，手臂不要甩動，靠著兩手手腕轉動來帶動繩子轉動，手臂揮舞幅度不可以太大，腳離地的距離不需要太高，兩腳稍微離地保證繩子能過去即可，這樣才不會浪費體力。上半身始終打直，不能前俯後仰。跳繩看似容易上手，但要練到位可不簡單呢！

> 除了併腳跳，左右腳交換跳，腳步會更加靈活！

Q20 拳擊選手如果肝臟被打擊到，可能會直接倒下？

肝臟在哪裡？

為什麼？肝臟不是不會痛？

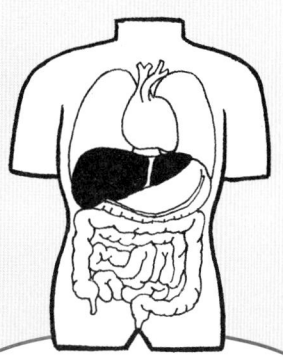

肝臟在右上腹部，它的外圍有神經分布，受到外力攻擊擠壓時，會讓人直接暈倒喔！

肝臟外圍有**迷走神經**，受到打擊時會引起全身性失調，甚至喪命。

　　2023年12月發生了一件憾事，在俄羅斯舉行的一場拳擊比賽中，一名年僅14歲的拳擊手，一路過關斬將闖進決賽，卻遭對手連續4拳攻擊腹部，當場失去意識，最後疑似肝臟嚴重受創，回天乏術。另一起發生在2019年的事件，是曾獲得過澳大利亞中量級冠軍的懷特・瑞奇，在訓練中被陪練員一拳打到上腹部，結果到醫院搶救無效……，由以上兩個例子可知，即使是身經百戰的拳擊手也經不起傷及肝臟的重擊，因此喪命。

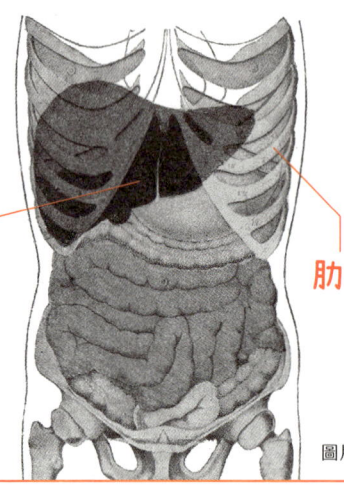

肝臟

肋骨

> 肝臟沒有完全被肋骨包覆，當胸腹部受到撞擊時，首當其衝就容易受傷。

圖片來源：維基百科

　　肝臟是人體內臟中「體積」最大的器官，成人肝臟的重量約800～1400公克，約為體重的1/50。它幫助提供人體的免疫力，處理化解來自體內和外來的有毒物質，同時也是一個轉換站，當血糖降低時，會將儲存的肝醣轉化為葡萄糖，供身體運用。

沉默又脆弱的肝臟

肝臟位置在右上腹部，橫隔膜之下，是實心組織，不像柔軟和具有彈性的腸胃。它也是十分脆弱的器官，常被人稱為「沉默的器官」，因為內部沒有神經分布，即使產生病變，也不易出現讓人感覺到不舒服的症狀。雖然肝臟沒有痛覺神經，但是外圍包膜有痛覺神經分布，如果拳擊選手的肝臟受到攻擊，擠壓之下就會拉扯到包膜上的迷走神經。

迷走神經影響全身

迷走神經含有感覺、運動和副交感神經纖維，支配心跳、呼吸、消化、血管擴張等功能，而且完全無法用人的意識去控制。若是迷走神經受到攻擊損傷，就會讓拳擊選手感到痛不欲生：血管擴張，心跳變慢，血流下降，導致血壓迅速降低，接著腦部供血、供氧不足，這時候身體會優先選擇保護腦，讓拳擊選手暈倒，然後就會引起循環、呼吸、消化等功能失調，甚至危及生命。

迷走神經如何影響器官

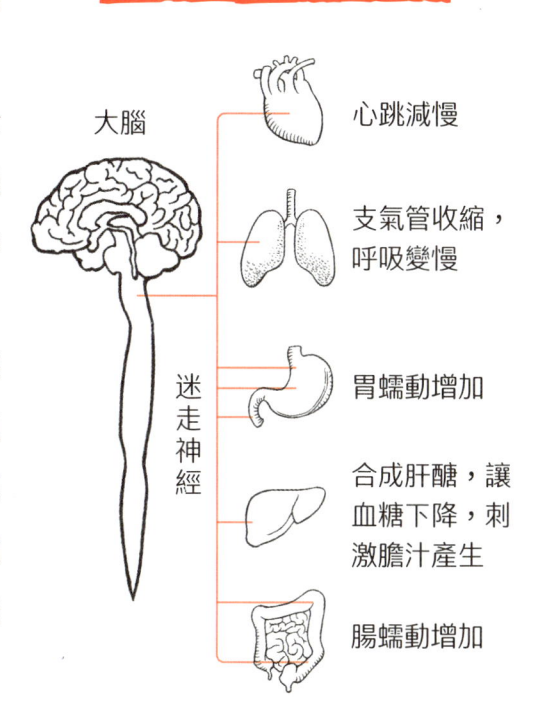

大腦

迷走神經

- 心跳減慢
- 支氣管收縮，呼吸變慢
- 胃蠕動增加
- 合成肝醣，讓血糖下降，刺激膽汁產生
- 腸蠕動增加

拳擊攻擊部位有限制

拳擊比賽並不是要取對方的性命，擊中要害的部位可能傷害對手身體甚至危及生命，因此身體有很多部位是不可以攻擊的。例如戳眼睛，打喉結，攻擊頭部的天靈蓋、後腦勺等，在正規的拳擊賽中，攻擊這些部位是故意犯規，甚至咬人或吐口水，也屬於嚴重違規，會被取消資格。

犯規行為

✗ 打擊腰部以下部位，如胯部、腿部。

✗ 打擊後腦、頸後。

✗ 打擊背部。

✗ 使用非拳頭部位攻擊，如肘部、肩膀、前臂或頭部。

✗ 用手推擠對手或用上半身壓制對手。

✗ 長時間抓住對手或避免打擊的行為。

> 沒想到，拳擊比賽不是隨便想攻擊哪裡都行。

Q21 籃球隊都找身高高的球員就可以贏了嗎?

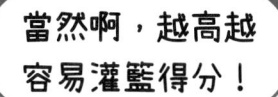

球類

當然啊,越高越容易灌籃得分!

籃球還需要運球、傳球、投籃等技能,不光長得高就行。

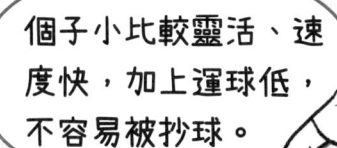

個子小比較靈活、速度快,加上運球低,不容易被抄球。

籃球隊有5個位置,球員需求不一樣,像是負責控球和組織進攻的後衛就不需要特別高。

籃球場上，身高是優勢，但不是贏球保證。

籃球框的高度為305公分，在比賽中，高個子籃球員利用身體優勢，可以在距離籃框較近的地方投籃，而且不容易被矮個子干擾，投籃命中率更高，同時也更容易搶到籃板球，為球隊提供更多的進攻機會。防守方面，他們的手臂可以伸展到較高的位置，能更有效的影響對手投籃，或在籃下區域，伸長手臂擋住對手的視線，干擾對方出手，造成對方命中率下降。可見高個子球員在職籃還是比較吃香的。

> 根據統計，目前男性職業籃球員的身高多數超過191公分，女性職業籃球員則超過170公分，美國職籃NBA球員的平均身高約為195公分。

身形越高大，負擔也更多

雖然身高高的優勢不少，但也有比較吃虧的地方：體型大、體重重，需要更多腿部肌肉力量支撐，加上全場長時間配合比賽，隨時要做出各種防守或進攻的戰術，體力損耗較多，也就比較快疲累。他們的骨骼、肌肉和關節也必須承受更大壓力，就容易發生關節損傷和疼痛的情形。

身高影響重心與反應

另外，一般人站立時，身體保持平衡的重心，約在從地板量起身高

55%的地方，約在肚臍下方3公分處，前後的正中央。高個子的重心位置會比身高矮的人高，相對比較不穩。

在進行跑動、跳躍時，要立刻剎車、轉變方向、再加速⋯⋯等，高的人神經反應時間較長，不容易做出及時反應，並且運球的距離相對較長，可能會出現腳步不夠靈活，動作不夠敏捷，讓小個子球員有更多縫隙可鑽和抄掉球的機會等缺點。

籃球雖是一項巨人的運動，就算不是長人，善用較低的重心、敏捷的身手、靈活的腳步、扎實的運球和傳球能力，以及清晰的腦袋和充沛的體力，依舊能成為籃球場上耀眼的明星。

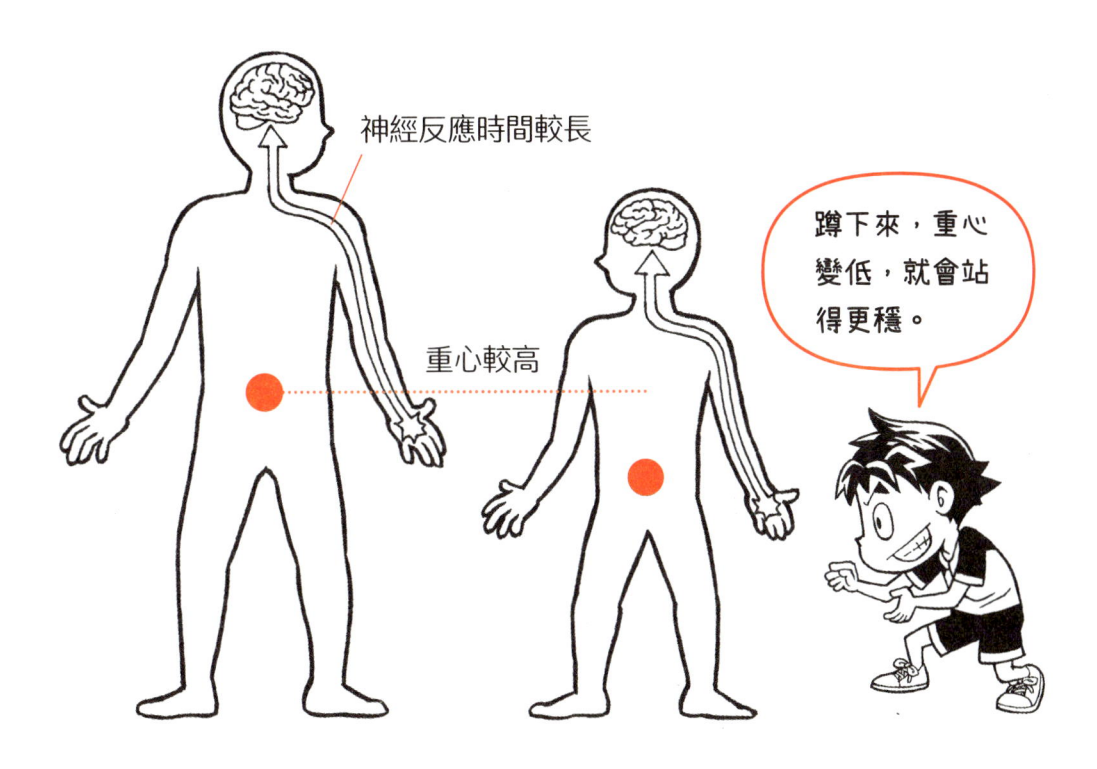

神經反應時間較長

重心較高

蹲下來，重心變低，就會站得更穩。

籃球員不用每個都很高

　　一支籃球隊有5個位置：控球後衛、得分後衛、小前鋒、大前鋒和中鋒。並不是每個位置都需要「長人」，站在籃下灌籃、投籃，即便擁有身高優勢，也需要其他基本技能和戰術，並且各司其職，才能幫助球隊得分。

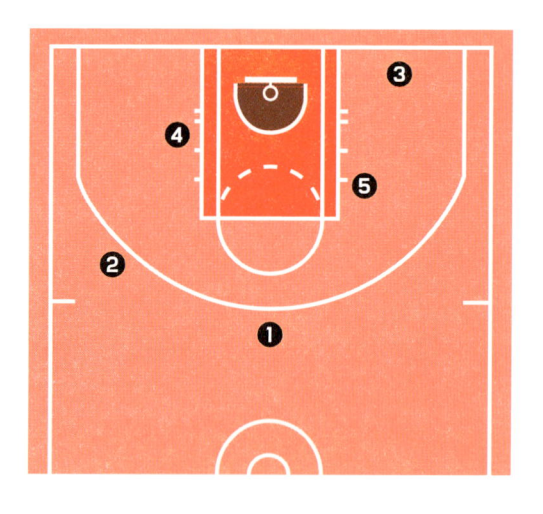

❶ 控球後衛
全隊進攻的組織者和助攻手，爭取外線投籃得分機會。

身高需求指數：★★☆☆☆

❷ 得分後衛
負責中遠距離的投射，以及外圍防守。

身高需求指數：★★☆☆☆

❸ 小前鋒
以速度或運球突破見長，快速上籃得分。

身高需求指數：★★★☆☆

❹ 大前鋒／❺ 中鋒
在底線附近或籃框附近持球進攻，搶籃板球，或接球後在禁區得分，以及掩護隊友。

身高需求指數：
★★★★☆／★★★★★

⚾ Q22
為什麼棒球選手都喜歡嚼口香糖？

因為很好吃，又可以吹泡泡！

口香糖可以預防口臭、防止蛀牙，好處多多。

口香糖不僅有這些優點，棒球選手還利用咀嚼方式來緩和緊張情緒和提高專注力喔！

透過咀嚼口香糖來增加口水，影響自律神經、**緩和情緒**。

2023年職棒二軍總冠賽首戰，比賽才進行到1局下，內野就連續出現兩次失誤。台鋼雄鷹隊的總教練洪一中，察覺到從不嚼口香糖的一壘手王博玄，竟然嚼起了口香糖，於是在滿壘的緊張時刻，馬上果斷的換下王博玄，最後搶下勝利。賽後訪問，洪一中表示，他不需要親自詢問，也能知道王博玄很緊張，因為從他嚼口香糖的行為，就能了解棒球選手當下的心態與狀況。

咀嚼能影響自律神經和情緒

嚼口香糖和棒球選手的情緒有關，因為嚼口香糖可以調整選手的自律神經，而自律神經會影響選手的情緒，同理，選手的情緒也會影響自律神經，只要選手的自律神經穩定，便能情緒平穩的發揮球技。

自律神經不受大腦意志控制，當我們接收到外在刺激時，自律神經就會自動啟動並作出反應。它包含兩組神經系統：交感神經和副交感神經，掌管呼吸、心跳、體溫、排汗、分泌等生理功能。正常情形下，交感神經和副交感神經會自行調控我們的生理功能，默默的平衡運作。但是我們一旦受到外界刺激，情緒產生變化，交感神經和副交感神經的作用也會跟著改變。

人體主要唾液腺

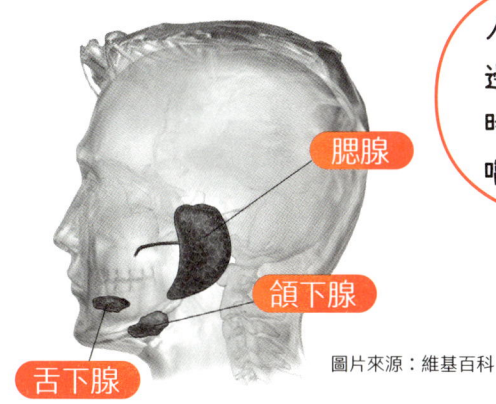

- 腮腺
- 頜下腺
- 舌下腺

圖片來源：維基百科

> 人體有三大唾液腺，左右邊各有一個。當我們咀嚼時，就會開始分泌唾液，嚼越多分泌越多。

反向利用增加唾液來穩定自律神經

以唾液（口水）的分泌狀況來說，我們平時無法用意志來控制要分泌多少唾液，當情緒緊張時，交感神經就會比較亢奮，這時唾液分泌就會減少，很容易使我們感到口乾舌燥；身體處於放鬆狀態時，唾液量就會增多，而且變得稀薄。因此當我們覺得緊張時，雖然不能用大腦指揮身體多分泌一些唾液，但是可以靠著嚼口香糖，來刺激唾液分泌，使我們的自律神經穩定，緊張的情緒也會隨之變為和緩。

交感神經過度亢奮時，我們會感到焦慮，心跳加快、注意力無法集中、急著上廁所等生理與心理的反應，這時棒球選手在高度緊張狀態下還要表現良好，對選手來說的確是非常大的考驗。

吐口水也能幫助運動表現

仔細觀察，棒球選手除了愛嚼口香糖，還常常吐口水！這是因為棒球場大多在戶外，棒球選手在飛身撲球，或為了攻占壘包而撲壘、滑壘，常常不經意的就吃了一嘴塵土，不得不吐掉，有些選手還吐成了「習慣」！雖然看起來不雅，但卻很管用，因為吐口水可以刺激口腔內的神經，增強運動表現。

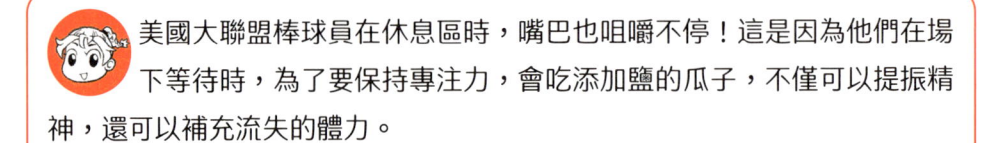

> 美國大聯盟棒球員在休息區時，嘴巴也咀嚼不停！這是因為他們在場下等待時，為了要保持專注力，會吃添加鹽的瓜子，不僅可以提振精神，還可以補充流失的體力。

糖水漱口法

除了棒球選手，現在有不少運動選手還會使用「糖水漱口法」，以碳水化合物溶液漱口，來刺激口腔內的神經，讓大腦誤以為有食物入口，需要消化，使運動員產生能量充沛、精神為之提振的感覺。

為什麼不真的吞進胃裡？因為有食物在胃裡消化時，腦內的血液供應不足，人容易想睡，精神無法集中。空腹時則會感到飢餓，想要進食，注意力反而比較集中。

其他運動

Q23 為什麼體操選手的身體都看起來很軟?

他們很放鬆?

體操選手從小就開始拉筋,所以身體比較柔軟。

體操選手透過大量和長期的肌力和伸展訓練,柔軟度會比一般人好。

體操選手的**關節活動幅度大**、肌肉更有力量，柔軟度因此更好。

2020東京奧運有則新聞：連續參加八屆奧運的46歲體操選手，丘索維金娜雖因高齡，無緣決賽，但當她含淚揮別賽場時，現場為她的一句「在賽場上我們皆屬平等」，響起了歡呼與掌聲。到了2024巴黎奧運，也有則與年齡有關的新聞：只有142公分的體操選手西蒙‧拜爾斯，以27歲的「高齡」，在競技體操女子團體和個人全能項目都拿下冠軍。

年齡影響柔軟度

有人說體操競技就是驚與險的較量、健與美的展現，選手要在極短的時間內，以旋繞、翻騰、屈伸、轉體、跳躍、平衡、流動和優美的步伐，做出成套動作，除了要有基本體能、肌力（肌肉量），還要有「柔軟度」。

選手的「柔軟度」容易受性別、肌肉溫度、年齡、受傷史、骨骼結構、肌肉長度的變數影響，其中年齡因素的影響尤為顯著，因為選手身體老化，導致柔軟度下降，即便是頂尖的體操選手也難以逆轉，這也就是為什麼體操選手的黃金年齡相當短暫。

> 女子體操選手基於生理條件，職業壽命非常短──16歲即進入「成年組」，20歲便算「老選手」，在賽場上爭奪獎牌的黃金年齡，大約是16～22歲，多數運動員在25歲前就會退休。

肌肉量百分比%

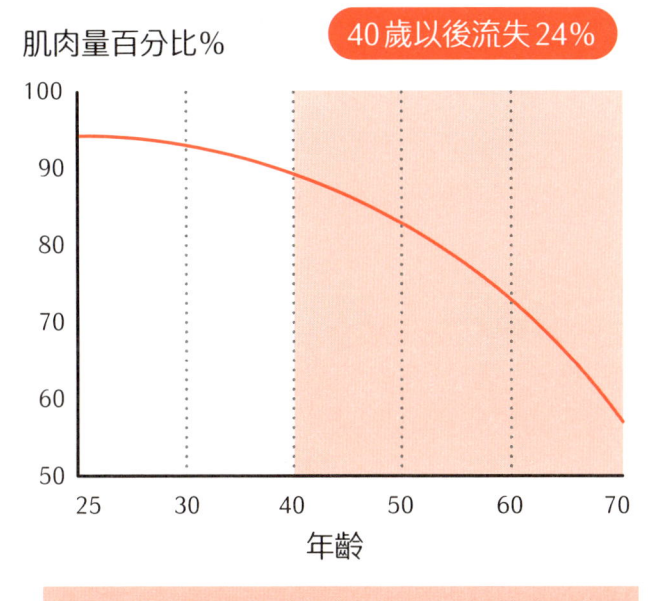

40歲以後流失24%

（圖表：縱軸 50-100，橫軸 年齡 25-70）

隨著年齡的增長，肌肉量會慢慢流失，肌力也因此下降，運動耐受力和身體靈活度都跟著降低。

從現在開始，提早保持我的肌肉量！

體操選手參賽有最低年齡限制，以前是14歲，1997年提高到16歲，這是為了保護尚未發育成熟的青少年運動員受到傷害。

影響柔軟度的組織運作

　　柔軟度對體操選手如此重要，就在於柔軟度好，肢體的運動、彎曲、伸展、旋轉就能輕鬆自如，身體活動靈活，也就不容易受傷。而柔軟度好不好，主要和每個人的關節囊、韌帶、肌肉、肌腱的狀況有關。任一個環節運作不順暢，柔軟度就會受到影響。

每個關節都有合理的轉動範圍，如果肌力不足，就會影響到關節轉動的範圍，增加受傷的風險。但肌肉過度使用、伸展或緊繃也不行，因為就算肌肉放鬆，還是硬邦邦的，這樣不僅限制了血液循環，肌肉也會越來越疲憊，慢慢限制身體的活動範圍，造成身體受傷的風險升高。

與柔軟度相關的組織

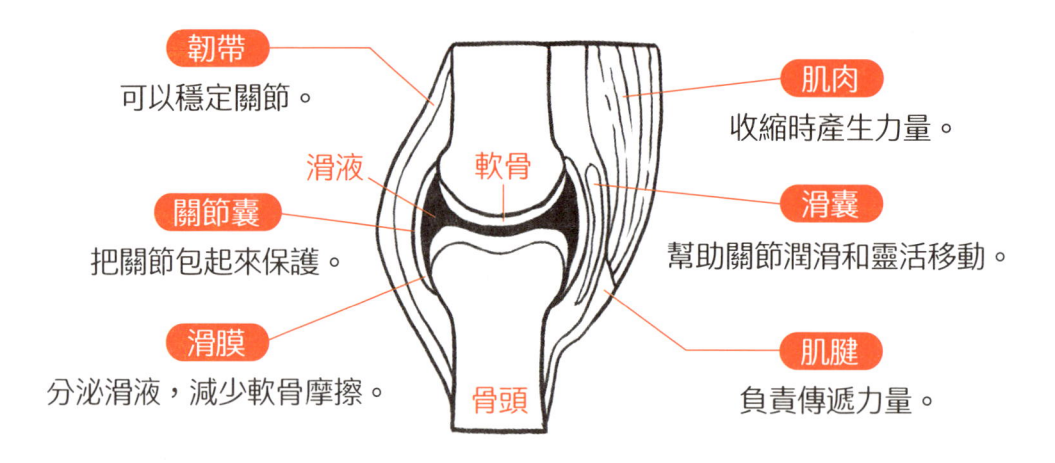

韌帶
可以穩定關節。

滑液

軟骨

肌肉
收縮時產生力量。

關節囊
把關節包起來保護。

滑囊
幫助關節潤滑和靈活移動。

滑膜
分泌滑液，減少軟骨摩擦。

骨頭

肌腱
負責傳遞力量。

柔軟度不是一朝一夕能達到

雖然大多數的體操選手，天生可能都有極佳的柔軟度，不過背後仍需要付出極大的努力，接受肌力及動作的控制訓練，透過肌肉伸展來放鬆神經系統，增加身體活動範圍，才能做出體操競技的動作。

當關節可活動範圍過大，關節反而不穩定，容易脫臼、拉傷或扭傷。

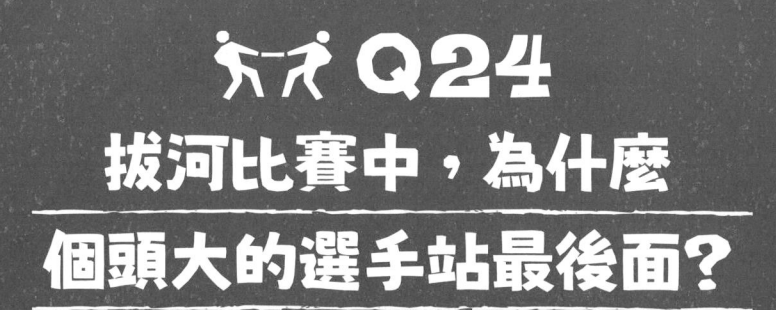

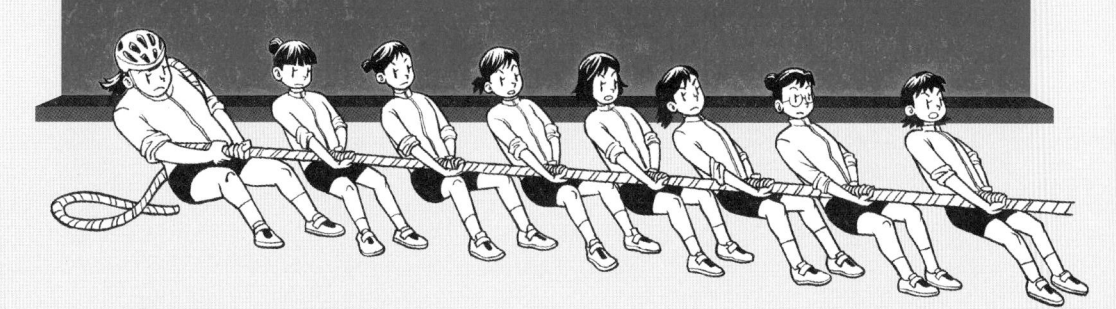

Q24
拔河比賽中,為什麼個頭大的選手站最後面?

身材高大,力氣大!

體型大的選手才能撐住,不會被敵隊拉走。

沒錯,站在最後面的選手稱為「後位」,他能利用體重優勢,穩住繩子和隊伍。

站位最後面的拔河選手，可以**靠重量來穩住隊伍**。

參加國際拔河聯盟認可的國際拔河運動比賽，團隊性別、年齡、人數、體重都會依照規定做分級，每個級別都由8位選手參賽，除了男子成年組有體重無限級，其他組別對體重都有嚴格的規定，而且選手必須在預定時間內接受體重測量，每位選手只能有一次正式的體重測量，總體重不超過參賽重量級別的體重，才能參加比賽。可見選手體重的確會影響拔河比賽結果，才會如此備受重視。

組別	成年組	青年組	青少年組
男子	不超過560公斤 不超過600公斤 不超過640公斤 不超過680公斤 不超過720公斤 無限級	不超過600公斤	不超過560公斤
女子	不超過500公斤 不超過520公斤 不超過540公斤 不超過560公斤	不超過500公斤	不超過480公斤
4×4男女混合	不超過580公斤	不超過560公斤	不超過520公斤

> 拔河選手為了符合國際賽事對量級的規範，必須長期控制體重。如果總體重超過量級所需的重量，量體重前，選手必須透過禁食、長跑或脫水的方式迅速減重。

拔河選手不能隨便站位

一般來說，拔河比賽是靠選手的體重來決定勝負，通常體重越重的隊伍會越穩，贏的機會越大。但是怎麼才能穩住，雖然雙方總體重都差不多，但每位選手的體重都不太一樣，每個人的力氣大小也不相同，將每位選手放在對的位置上就至關重要。

最後面的選手很重要

根據研究，把體重重的選手排在最後面，增加重力，也是一種贏得比賽的技巧。站在隊伍最後面的選手，稱為「後位」，他的角色特別重要，負責保持繩子的平衡、不會歪一邊，讓力量不會分散或抵消。他也是最能利用「噸位最重」的優勢，鎮壓住對方，讓隊伍不會輕易被拉過去，就像是船錨，能讓船穩穩的停泊不動，因此也被稱為「錨手」。

> 後位選手可以把繩子繞在身上，施力時與其他選手不同，還會往上，這樣整支隊伍才不會太過往後傾倒，導致坐地犯規。

體重較重，力氣就大？

一個人的胖瘦、個頭並不完全取決於體重，而是「體脂肪率」，它指的是身體的脂肪占全身重量的比重，脂肪的體積比肌肉還大，因此同樣體重的人，體脂肪比重差異大時，看起來的體型就差很多。體脂肪比重高的人，肌肉量少，個頭雖然看起來大，未必會比較有力氣。因此像拔河這種力量型比賽，除了增加體重，還需要肌力和肌耐力的訓練來增加力量喔！

> 多吃點增加體重，才有力氣！

> 只靠吃，增加的都是脂肪啦！

Q25 賽車也是運動？

我是賽車手！

賽車也是運動的話，真是太酷了！

賽車手可不是像你們這樣的，他們全身都有防護裝備，因為這是有危險性的極限運動！

賽車是超高速駕駛，賽車手要有強大的體能和耐力，才能抵抗高速帶來的巨大力量，不是一般人能做的運動。

高速行駛的賽車，
是考驗賽車手體能、耐力的極限運動。

不少人以為賽車手開賽車很輕鬆，只要手會轉方向盤，腳可以踩剎車，會把油門踩到底，就能在賽道上奔馳，怎麼算得上是運動？但賽車手真實的駕駛狀況，一點也不輕鬆，他們面對賽車急劇的加速、減速和轉向，身體經常被改變運動方向，會感受到比平時更大的「力」，這種力稱為 G 力（用來表示和衡量在加速或減速過程中，身體所承受的力值）。

承受超過 20 倍的 G 力

日常生活中，我們也能感受到 G 力，例如車子向左急轉時，身體應該要跟著往左轉，但因為身體跟不上車子的「加速度」，就會感受到一股被拋向右邊的力量。以 F1 賽車手為例，在賽車駕駛艙裡，所要承受的 G 力比一般家用車大 20 倍以上。除了靠安全裝置保護，賽車手如果沒有足夠的體能和耐力，根本無法應付如此強大的 G 力。

> 一般家用車加速到時速 100 公里，G 力約是 0.27G。普通的雲霄飛車的 G 力最高約 3～4G。F1 賽車的 G 力則可高達 5～6G！

賽車是高強度運動

比賽時，賽車手的心率，幾乎每分鐘 160～190 下左右，加上賽車內的溫度高達攝氏 40～50 度以上，還要穿著厚重的防護裝備，導致體內水

分大量流失，所以他們平日的心肺訓練就顯得非常重要。

另外，賽車手在狹小的駕駛艙座位上，長時間保持半躺的姿勢，得要有穩定的核心肌群才能應付比賽。過彎時則需要強壯的手臂和手腕轉動方向盤，才能控制賽車行進的路線。在以毫秒單位之差的頂級競賽，賽車手還要有非凡的反應速度，他們會透過反應訓練器，訓練手眼協調和提高專注力。

賽車手的考驗

脖子和心臟，得應付強大G力。

在車輛震動中，需要穩定的核心肌群支撐軀幹。

腦和心臟，適應調節40度以上高溫。

需要30公斤的手臂力量，轉動方向盤。

需要100公斤以上的腿部力量，踩踏煞車。

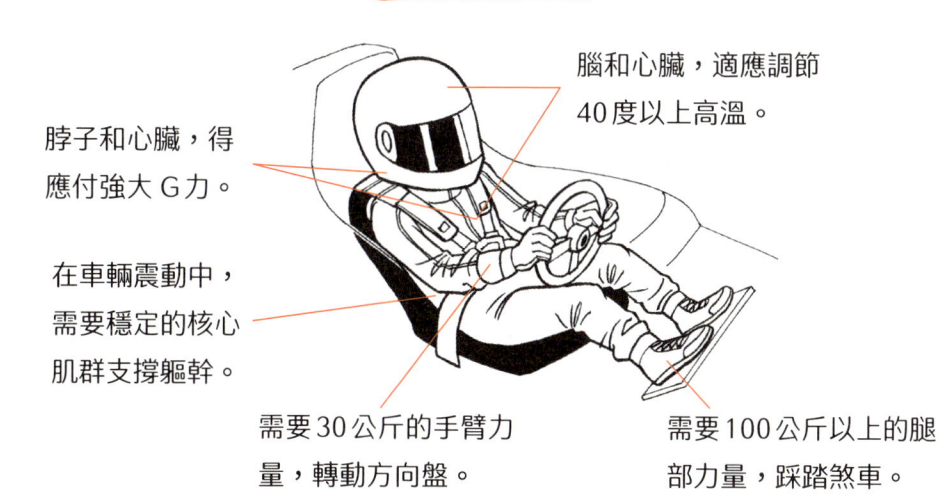

要強壯也要輕盈

除了以上這些體能訴求和訓練，還有最重要的一點，G力與重量有關，車重與賽車手的體重越重，G力就越大，所以勤練身體，又不能過分增重，必須保持體態輕盈，斤斤計較，才不會增加G力，這可不是容易辦到的事情喔！

賽車手都是粗脖子

　　F1賽車手的脖子原來都和一般人差不多，但是成為賽車手後，會變得越來越粗壯，像是阿隆索，目前的頭圍是45公分，七冠王漢米爾頓的衣領尺寸是45.7公分，而一般人的衣領尺寸大約是38公分。他們如此壯實的頭部肌肉，是使用特殊的「健頸」器材練成的，讓脖子能夠舉起超過40公斤以上的重量，才能在高速狀態下，應付強大的G力。

　　國際汽車聯盟在2003年起，強制所有賽車手都要使用HANS頭頸部保護裝置才能出賽。2018年又規定駕駛位置上方都要安裝Y字形柵欄的Halo保護頭部裝置。這些都是為了保護賽車手遇到猛烈撞擊時，不至於受到重傷。

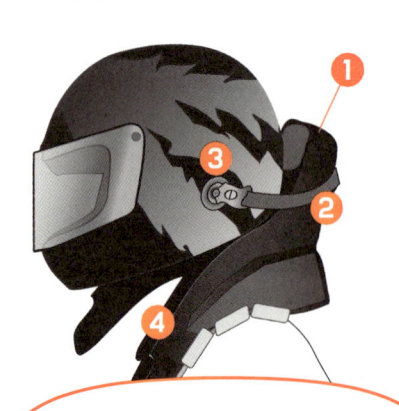

❶ HANS系統　❷ 繫繩
❸ 頭盔固定器　❹ 肩部支撐

圖片來源：維基百科

為了減輕頭部負擔，以前重達2公斤的F1安全帽，現在已減輕到約1.25公斤。

運動與健康

♥ Q26 運動選手都怎麼飲食？

> 比賽前多吃點，才會有力氣！

> 萬一吃太多而變重，不會影響比賽嗎？

> 部分比賽有體重分級，選手就要特別注意控制體重。

- 30% 油脂
- 15% 蛋白質
- 55% 碳水化合物

> 各種運動項目所需要的營養素不同，運動選手除了要留意吃多少，吃什麼能幫助比賽成績更重要。

運動員根據運動項目補充營養素，吃得剛剛好才行。

許多運動項目有量級限制，選手秤體重時莫不斤斤計較，雖然大多數選手都能符合規定，但也有少數不能過關的例子。像是2024巴黎奧運會，女子50公斤級角力決賽時，被封為「印度母獅」的女選手佛加特，賽前秤重超過100公克，即使現場她剪掉許多頭髮，仍然無法達標，而痛失金牌戰資格。

另一則發生在跆拳道國手羅嘉翎身上，2023年，她參加美國公開賽57公斤量級，過磅時，即使把頭髮剪掉，還差0.1公斤，被判失格，只能遺憾離開。後來檢討，有人說，早知如此，過磅前少吃一點就好了！不過運動員可不是少吃就好，吃太多、太少都有問題，要怎麼吃才能剛剛好，可是一門大學問喔！

> 以體重分級比賽的運動有：拳擊、摔跤、柔道、跆拳道等搏擊運動，以及舉重。運動員平時必須控制攝取的熱量，每一口都要精算熱量，不能讓體重超出2公斤以上。

> 跆拳道選手在比賽前只吃容易消化、低纖維的食物，才不會在腸道形成太多糞便，讓體重變重。

> 選手為了控制體重，真不容易！

耐力型運動選手，補充碳水化合物很重要

　　運動項目百百種，可以簡單分為需要體能、耐力，與速度、爆發力兩大類型，但要論及個別運動項目的飲食計畫，並非完全相同。

　　「耐力型」運動選手，像是自行車、長跑、鐵人三項、羽球等運動，非常講求「肌耐力」，也就是肌肉維持使用某種肌力時，持續用力的時間或反覆次數，肌肉耐力越大，可以做的次數就越多。

　　例如頂尖的馬拉松跑者，一年訓練量就約在500～700小時間，如果訓練或比賽時，能量消耗過多，就會發生舉步艱辛、頭暈、腿軟等症狀，因為身體對於熱量的需求較高，耐力型運動選手在比賽前都會把麵條、米飯、麵包等當主食。他們需要的碳水化合物食物，是常人的兩倍以上。

碳水化合物多少才夠？

一般人每天所需的碳水化合物攝取量，為3～5公克／公斤體重；耐力型運動選手則高達8～12公克／公斤體重。

以體重70公斤的人來說，每天的碳水化合物需要210～350公克，但同樣體重的運動選手則需要560～840公克。

爆發力型運動選手，必須攝取豐富的蛋白質

「爆發力型」的運動選手，像是短跑（100公尺、200公尺）、游泳（50公尺、100公尺），一些球類運動，如籃球（間歇性爆發）等運動，在訓練過程中，肌肉容易遭到撕裂、破壞，因此他們的菜單中，所含的蛋白質會相對較豐富。而且訓練期間就得嚴格控制飲食，除了攝取足夠的蛋白質，也要搭配一定比例的碳水化合物。運用高熱量、高蛋白的飲食，提供肌肉所需熱量。

> 一般人每日蛋白質攝取為0.8公克/公斤體重，爆發力型運動選手需要的攝取量為1.7～2.2公克/公斤體重，必須維持一般人兩倍以上的攝取量，肌肉才不會流失，讓運動表現下降。

不吃讓身體發炎的食物

不管是爆發力型還是耐力型運動選手，為了減輕運動後產生痠痛，都要避免會讓身體產生發炎現象的食物，像是薯條和其他油炸食品、汽水和其他含糖飲料、各種加工食品，例如熱狗和香腸。

這些食物會誘發身體產生發炎現象，不只運動選手，大家都應該少吃。

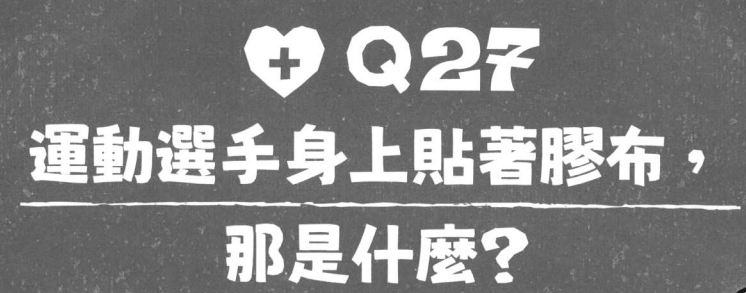

➕ Q27
運動選手身上貼著膠布，那是什麼？

是獲勝法寶，貼越多越能贏！

這不是普通膠布，要貼在正確位置才有用。

很多運動員貼在發力的部位，所以應該有保護功能。

這種膠布叫做肌內效貼布，它可以用來放鬆肌肉和幫助肌肉發力，讓運動選手表現更好。

肌內效貼布，幫助運動員收縮和放縮肌肉，也能預防性保護受傷部位。

兩屆奧運女子10公尺跳台金牌選手全紅嬋，曾在回母校演講時，因穿著牛仔吊帶褲，腳踩紅色洞洞拖鞋，而引起大眾議論。她的教練特別為此解釋，2024年全紅嬋再度參加奧運賽，身上好多部位都貼了「支援帶」，因為長期高強度訓練，經常受傷，外出穿拖鞋是為了方便貼紮和保護腳踝。每次跳水前，貼紮都需要花半個小時呢！

模仿肌肉用力的肌貼

全紅嬋教練口中的支援帶，正式名稱就叫做肌內效貼布，簡稱「肌貼」，也有人稱之為「肌肉貼布」、「運動繃帶」等。運動選手因為長期高強度訓練，比一般人更常發生肌肉緊繃、身體痠痛，或發炎受傷的情形。若要減輕不適，可以順著肌肉方向貼紮肌貼。

肌貼是棉織布材質，有波浪紋路、特殊凝膠，還有伸縮彈性，就像彈簧一樣，只要運用它所產生的回彈力，就可以模仿肌肉或筋膜用力的效果，協助肌肉收縮。另外，也能防止不正常的肌肉收縮所造成的關節異常，增加關節穩定性。因此運動員經常會針對運動強度較高的部位、或是容易受傷的部位，進行預防性貼紮。

> 肌貼拉越長，回彈力量越大，會產生不同效果。拉長增加長度10%，用於消腫；增加30%以下，能放鬆肌肉；增加30～50%，可支撐部位組織。

肌貼變變變

長條的肌貼透過不同剪裁，能變化出多種形式。黏貼的起點位置會影響肌貼的回彈方向。

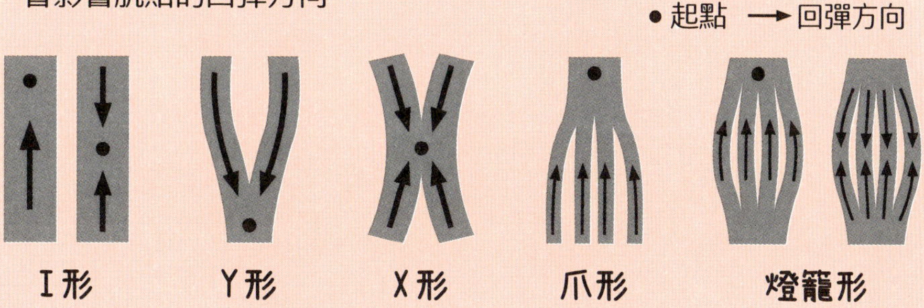

● 起點　→ 回彈方向

I形　　Y形　　X形　　爪形　　燈籠形

貼對位置才有用

肌貼看起來和繃帶類似，但如果沒有貼到對的位置，就無法產生正確效果，因此剛開始使用時，要由專人指導協助，找出貼的方向與肌肉的起點和終點位置。以前臂的肌肉來說，為了促進肱二頭肌的發力和放鬆，先找出在肩胛骨、肩關節的起點，以及手肘下方內側的終點，再依據想要的效果來決定肌貼的回彈方向。

肱二頭肌位置

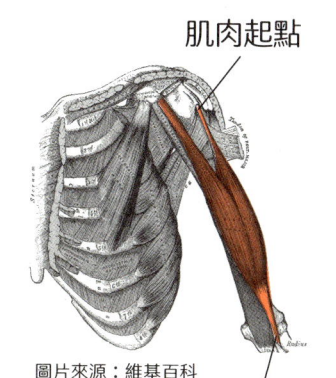

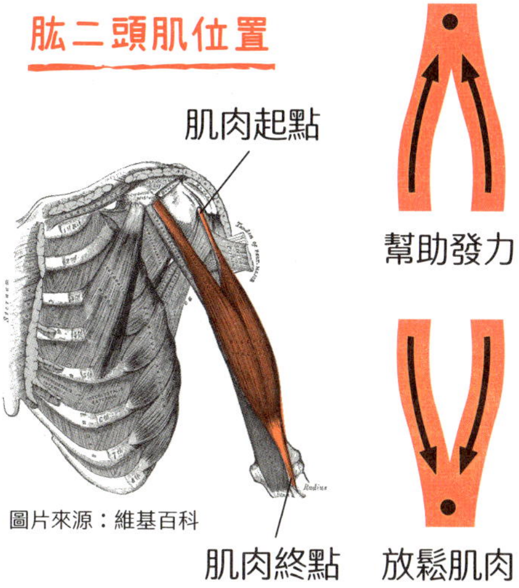

肌肉起點

圖片來源：維基百科

肌肉終點

幫助發力

放鬆肌肉

以肱二頭肌來說，幫助發力是從肌肉的起點(手臂近端)往終點(手臂遠端)貼，想要放鬆肌肉，就是反過來貼。

肌貼的消腫原理

　　此外，運動員不斷高強度訓練、使用肌肉，很容易使「肌肉結構」受傷：我們身上的肌肉屬於身體的軟組織，一旦發炎，就會產生大量的組織液流入發炎的地方（組織液就像膠水一樣，要把發炎的傷口黏起來），進而壓迫到神經、肌肉和血管，肌肉受到組織液推擠，就會發生腫脹的情形，造成疼痛累積在這裡。這時候很適合使用爪形肌貼，增加腫脹區的覆蓋面積，讓淤積的組織液回歸到身體，達到消腫止痛的效果。

肌肉緊繃發炎

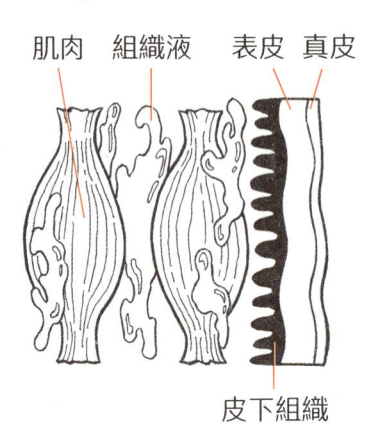

肌肉　組織液　表皮　真皮

皮下組織

肌肉放鬆消腫

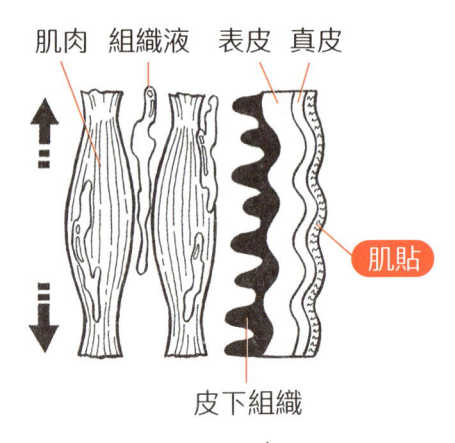

肌肉　組織液　表皮　真皮

肌貼

皮下組織

肌貼有黏性和波浪紋路，能把皮膚拉提起來和產生皺褶，肌肉和皮膚之間因此增加空間，讓組織液能順暢流通，幫助肌肉消腫和放鬆。

用肌貼來消腫，我也許能變瘦。

Q28
為什麼運動選手比賽後，都會有人幫他們按摩？

比賽壓力太大，按摩可以放鬆一下。

有些運動員比賽前就按摩，真奇怪？

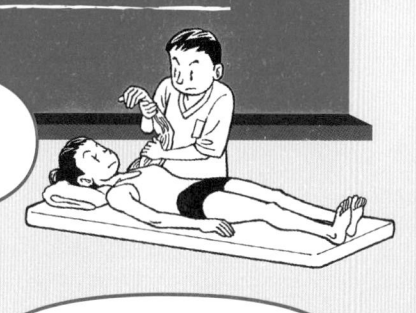

運動按摩能增強運動表現，所以比賽前、比賽中也可以做。

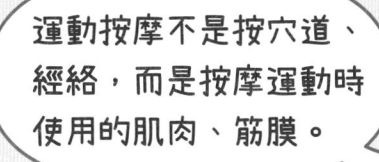

運動按摩不是按穴道、經絡，而是按摩運動時使用的肌肉、筋膜。

專為運動員設計的按摩方式，能**減少運動傷害**和**提高運動表現**。

運動選手因為訓練與比賽，運動強度大，肌肉經過反覆的收縮，肌肉本身與周圍組織受到壓力後，失去部分水分，並且可能伴隨微小的撕裂傷與發炎反應，因此經常在運動後，產生肌肉緊繃、僵硬、腫脹、痠痛，甚至肌肉力量下降的症狀，需要經過按摩才會緩解，讓肌肉恢復最佳狀態。不過，別以為按摩就是萬靈丹，運動按摩和一般按摩不太一樣，如果沒有適當處置，效果可會打折呢！

運動後的肌肉損傷

當我們進行激烈運動後，肌肉中平滑的肌纖維就像過度染燙的頭髮，變得毛躁、斷裂或損壞，還會累積許多代謝物和發炎物質，需要透過3到7天的時間才能完整修復。身體在修復時，神經生長和組織連結時會產生痠痛的感覺。如果修復得不順利，廢物會不斷累積在肌纖維裡，甚至影響到血液循環和細胞代謝，造成肌肉無力，一碰就痛。這時候就需要透過按摩，用外力介入的方式，讓肌纖維早點恢復平滑的狀態。

> 好累，我的肌纖維應該受損不少！

受傷的肌肉組織

肌肉是由細長的肌纖維成束組成的，正常的肌纖維排列整齊。激烈運動後，肌肉因為不斷收縮和拉長，造成肌肉拉傷，受損的肌纖維會呈現雜亂狀態。

肌纖維排列

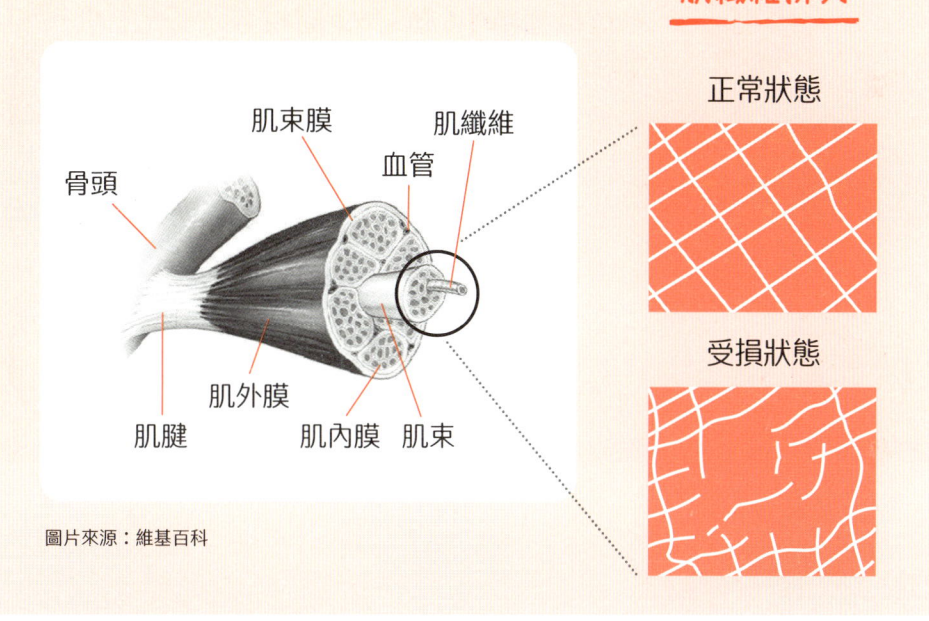

骨頭、肌束膜、肌纖維、血管、肌腱、肌外膜、肌內膜、肌束

正常狀態

受損狀態

圖片來源：維基百科

不同運動的按摩

和一般以舒服放鬆為主的按摩不同，運動按摩會依據人體解剖的生理構造，肌肉、韌帶或筋膜的走向來按摩，讓運動員的肌肉盡早恢復正常，按摩師會按照運動員運動的發力方式、慣用肌群，以及當下的身體狀況，

去調整按摩手法和力道。例如自行車選手的運動按摩，會針對騎乘時使用到的大腿、臀肌、小腿和雙臂進行按摩。按摩時對肌肉施壓，使肌肉放鬆，並減少肌肉痙攣，加速血液循環，進而減少運動員的疼痛、受傷後的水腫，以及避免他們因疼痛而引起的神經緊繃。

> 馬拉松選手的按摩，會特別著重核心肌群和腿部肌肉。

運動按摩的時機

除了運動後按摩，有時按摩師也可以根據運動員的狀況、運動類型，在運動前替運動員按摩，以喚醒他們肌肉的彈性與柔軟。有時也會在運動中進行按摩，像是籃球中場休息時間，有些運動員抽筋，需要適度放鬆緊繃的肌肉，這時按摩師會特別注意避免讓運動員的肌肉過度放鬆，影響到運動表現。這樣的按摩方式是針對特定肌群，和一般按摩很不一樣喔！

❤ Q29 選手受傷了，痊癒後還能再比賽嗎？

> 感覺好痛，這樣還能繼續比賽？

> 運動員帶傷參加比賽，真的很不簡單。

> 運動員受傷後，經過休養、復健、訓練等長時間努力，不管成績如何，能夠再次上場比賽，就很值得讚賞！

運動員受傷時，現場緊急救護，經過復健、訓練，**仍有機會上場比賽**。

在 2024 巴黎奧運的羽球比賽場上，羽球比賽出現了許多感人的畫面：台灣羽球天后戴資穎帶傷最後一舞，即便膝傷不舒服，仍奮力撲接球。最後不敵泰國依瑟儂，無緣晉級。賽後兩人場中相擁，也讓戴資穎淚崩，就此結束生涯奧運最終章。另一場比賽，西班牙前球后卡洛琳娜·馬琳，與中國羽球好手何冰嬌對戰，過去曾嚴重膝傷的馬琳，又再次傷了右膝十字韌帶而不得不退賽。

容易復發的膝傷

像戴資穎或馬琳這樣為膝傷所苦的運動員多不勝數，在需要大量跳躍、快速跑動、經常要改變跑動方向的運動，像是足球、棒球、籃球等，韌帶受損或骨折是很常見的運動傷害。

以十字韌帶受傷來說，一旦受傷，就可能會出現膝蓋痛、膝蓋腫脹、腿軟等症狀。如果膝蓋還有其他損傷，還會引起膝關節

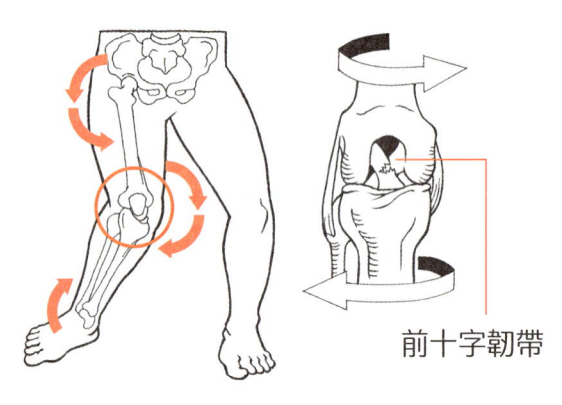

前十字韌帶

> 十字韌帶是位於膝關節內的兩條韌帶，前、後交叉，當我們跳躍或轉動時速度太快、角度太大，前十字韌帶過度拉扯與扭轉，就會造成撕裂或斷裂。

不穩定，沒有經過妥善治療，容易引發膝蓋反覆受傷、肌肉萎縮、加速關節磨損退化。即使做了重建手術，仍然有很高的再受傷機率，因此如何調整使用方式，訓練強化肌肉的力量，都是避免運動員再次受傷的重要課題。

> 曾有學者研究發現，從2008至2018年，82位頂級職業足球員做過前十字韌帶重建手術後，職業生涯平均縮短了1.6年；假如不幸兩腳都做了重建手術，提早退休的機率更高，是單一膝關節受傷球員的2.3倍。

重返比賽之路

當運動員不幸遭遇運動傷害，只要有運動團隊的防護人員從旁協助，立即檢視受傷的範圍及狀況，並緊急救護處理，協助送醫；運動員接受對的治療方法，並由運動防護員協助復健，減少未來受傷的風險，仍有機會重回運動場。不過面對運動傷害，最重要的還是，「預防勝於治療」！

運動員受傷後回到賽場過程

醫療處置 → 復健階段 → 場上復健 → 回到訓練 → 回到賽場 → 表現回復

沒被受傷擊倒的籃球明星

運動員遇到運動傷害因為沒有妥善處理，導致一整季無法比賽，甚至運動生涯就此畫下句點的例子不少，但也有不少運動員經過正確治療，重新回到運動場上，像是 1980 年代著名的籃球員金恩，在 1985 年的一場比賽中，膝蓋前十字韌帶嚴重受傷，曾有三個醫生告訴他，以後不能再打球，手術重建只能讓他走路。但受幸運之神眷顧的金恩，沒有因此被擊倒，仍然持續復健，兩年後成功重返賽場，並創下佳績，而進入 NBA 的名人堂。

金恩回到球場後，1993 年才引退。
圖片來源：維基百科。

➕ Q30
為什麼運動選手總是在比賽時打破紀錄？

因為比賽時要非常認真用力，表現當然會比在練習時容易破紀錄！

跟一群非常厲害的選手一起比賽，一定會更能激發自己的能力！

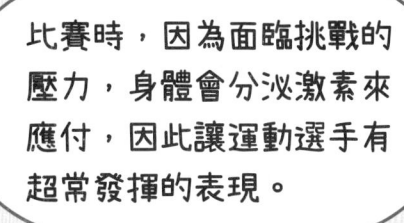

比賽時，因為面臨挑戰的壓力，身體會分泌激素來應付，因此讓運動選手有超常發揮的表現。

挑戰和壓力刺激身體分泌腎上腺素，讓運動選手有更好的運動表現。

中國游泳選手潘展樂，在2024年頻頻打破100公尺自由式世界紀錄：世界游泳錦標賽以46.80秒破世界紀錄；奧運會又以46.40秒再創世界紀錄；幾天後，在男子4×100公尺混合式接力決賽中，再以100公尺自由式分段成績45.92秒，上演神奇逆轉，贏得金牌。賽後，有媒體記者問他，是什麼原因使他游得這麼快，潘展樂認為，他平日和長距離選手一起訓練時，會讓他們先出發，自己再用最快的速度追贏。可見，「追人」能使他產生挑戰反應，讓身體分泌「腎上腺素」，爆發力大增！

> 情緒和壓力，也會影響腎上腺素。大家原本都不看好潘展樂，他感受到自己被低估的壓力，身體產生腎上腺素，比賽時全力衝刺，反而有出色表現。

急性壓力靠腎上腺素

腎上腺所分泌的腎上腺素是人類應急的激素（荷爾蒙）之一，與人類面臨戰鬥和逃避的反應有關，意思就是當人被某些人事物威脅或驚嚇的時候，身體就會分泌腎上腺素，讓人可以反擊或逃跑。

例如獵人要追趕獵物、運動選手快被後面選手追上，他們的身體就會產生以下的反應：首先他會開始增加分泌腎上腺素，這時很多器官也會跟

著腎上腺素一起動起來，包括心跳加速、血壓升高、血糖增加、肌肉緊張，這些反應讓選手的情緒亢奮、想要更快、力氣增大，有能力去處理被後面選手追上的壓力。

> 許多運動都會讓身體產生腎上腺素，極限運動更是如此，人在短時間內面臨生死邊緣，分泌更多腎上腺素，冒險愛好者因此變得更加敏捷，而突破自我，完成挑戰。

壓力時間較長需要皮質醇

如果壓力持續幾天到幾個月，腎上腺還會分泌皮質醇，來應付時間較長的壓力。例如運動選手在比賽倒數一星期或一個月時，就開始緊張不已，並加緊練習。這時身體就會分泌皮質醇，刺激人體釋放額外能量，以應對壓力與緊急狀況，讓身體的力氣變大、反應力變快、注意力更集中。但是同時這樣也會傷害身體，會使人的腸胃道功能停擺，產生拉肚子、便祕、消化不良、肚子痛等症狀。因此腎上腺素和皮質醇，分泌太多或太少都不好。

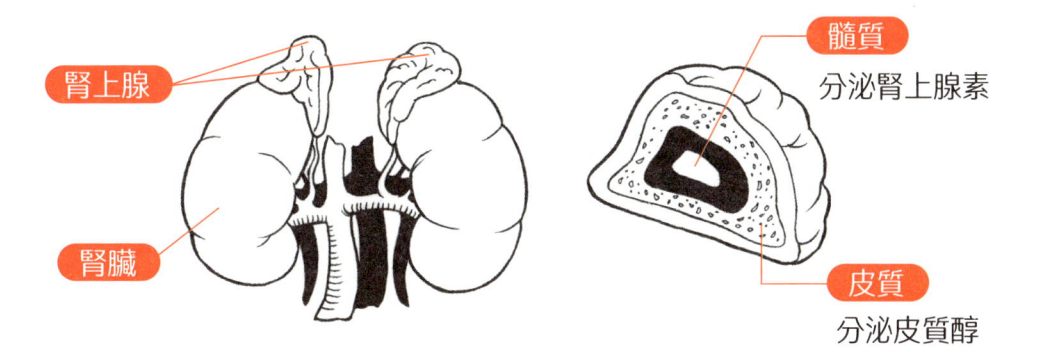

腎上腺
腎臟

髓質
分泌腎上腺素

皮質
分泌皮質醇

運動員怎麼解決緊張焦慮？

就算是世界頂尖的運動員,在比賽時也會緊張焦慮,但他們會運用以下方法來降低緊張感,在賽前會使用一些心理暗示的方法來刺激身體反應,例如告訴自己「我不緊張,我只是很興奮!」或先在腦海中先「排練」事情會如何發展,將一切視覺化;跟自己說「我可以」。甚至比賽時,利用吐氣、低吼,增加腎上腺素分泌,暫時提升力量。以上這些都是運動選手常用的方法,而且效果不錯唷!

啊啊啊

這樣我才不會緊張!

你又沒參加比賽,這是亂吼亂叫吧!

➕ Q31
帕運選手的身體情況不同，要如何公平競爭？

我猜是把同樣情況的分成一組。

是不是請醫生幫忙，按照選手的身體狀況分組？

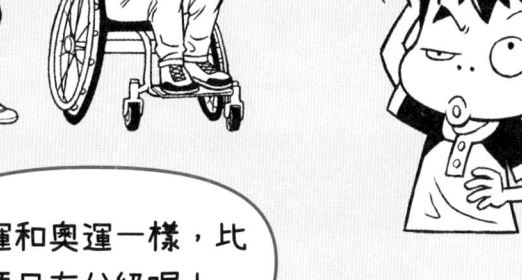

帕運和奧運一樣，比賽項目有分級喔！

比賽前，帕運選手會先經過分級師的評估，再依照級別分組比賽，就能公平競爭了！

帕運選手會**先分級檢驗**，讓身體狀況相似的選手一起比賽。

　　簡稱帕運的帕拉林匹克運動會，是專門為肢體障礙、部分視覺障礙與智能障礙運動選手，所舉辦的國際賽事，希望激勵更多同樣受身心障礙所苦的人，能夠藉由運動，改善身體與心理狀態。它的立意雖好，只是身心障礙者的身體差異很多元，每個人的狀況也不盡相同，誰才有參賽資格、適合參加哪些類別的運動等都是需要考量的，而且體育競技必須符合公平原則，要怎麼做才算是公平競爭呢？

所有選手都要進行分級

　　帕運為了讓比賽更公平，比賽前，會依據運動選手不同的障礙類別與程度（如肢體、視覺與智能等），將他們分配到適當的競賽類別中，並由分級師來擔任分級的工作。每一位選手都會由兩位分級師來認證，而分級師大多由物理治療師、職能治療師或復

分級師的工作	
醫學評估	確認運動選手是否符合該項運動的最低參賽標準。
技術測試	評估運動選手的失能程度。
場邊觀察	觀察運動選手在訓練及比賽中的表現。
監控	若運動選手的障礙狀況隨時間產生變化，需進行定期重新評估，甚至重新分級。

健科醫師擔任。以輪椅網球來說，分級師在分級時，除了會看醫學診斷報告來評估，也會在比賽前進行健康檢查，還會觀察選手發球、擊球或殺球等揮拍動作。

比賽項目都有一組神祕代碼

選手參賽的項目分級是由英文字母加上數字組成，英文字母通常代表比賽項目和種類，數字則指障礙程度與類別，數字越小代表身體損傷越嚴重。例如2024年巴黎帕運的桌球比賽，以MS（男單）、WS（女單）、MD（男雙）、WD（女雙）等為分級字首，在字首後的數字1～5屬於輪椅組，1代表最嚴重，5表示最輕，6～10為站立組，11為智能障礙組。

> 羽球分級的編碼不一樣，是以英文字母代表選手參賽的身體狀態，S代表站姿參賽、WH是乘坐輪椅、L代表下肢障礙、U是上肢障礙、H是身材矮小。例如SL3，就是選手有下肢障礙，以站立形式參賽的組別。

> 我發現同一個英文字母，意思不一樣，桌球WS的S代表單打賽，羽球SL的S是選手站著比賽。

分級組別會變動

很多帕運選手的職業生涯很長，如果選手因為訓練、復健、時間等因素產生變化，例如小兒麻痺選手隨著訓練及對運動掌握度提升，軀幹能力進步，就可以提升到另一等級。分級師會根據選手疾病影響程度的不同，以及運動級別狀態的註記，決定是否需要重新評估或分級。

帕運的三鐵比賽不一樣

和一般的運動競賽相較，帕運除了分級不一樣外，帕運選手在參賽時還有很多不一樣的地方。以三鐵競賽為例，在馬拉松的視障跑步項目，有些選手獨自參與競賽，有些選手則有明眼人「陪跑員」陪同。視障選手與陪跑員會以一條陪跑繫繩牽繫著彼此，陪跑員必須是陪伴視障選手前進，而不是拉著選手跑步。而且抵達終點時，陪跑員必須在視障選手的後方。游泳項目或自行車項目，也同樣有陪泳員或領騎員陪同。

比賽場邊，還可以看見各種貼心的「輔具」，例如刀鋒義肢或輕便的競速輪椅，以及輔具保養維修的服務站。在轉換區（如游泳結束轉換為自行車賽），則有大批工作人員會在一旁提供選手協助。

> 好像兩人三腳的比賽！

> 有陪跑員一起跑，視障選手才不會發生相撞或踢到東西跌倒的危險。

噹噹♪ 噹噹♪

人體真的很奧祕，想要成為運動高手真是不容易！

我們小學生最重要還是要營養均衡，加上適當運動，一定能頭好壯壯的！

認識我們的身體是非常重要的事哦！

告訴我們還想要上哪一堂課呢？

下課啦！

我的運動筆記

★ 我最喜歡的運動 _____

★ 我最擅長的運動 _____

★ 我最喜歡觀看的運動比賽 _____

★ 我最喜歡的體育選手 _____

_____

_____

_____

_____

_____

_____

_____

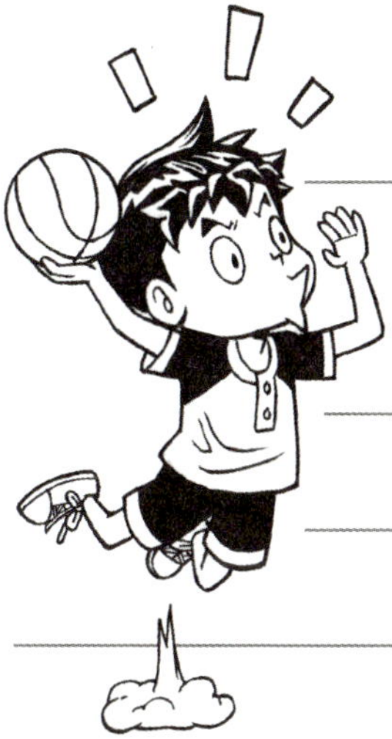

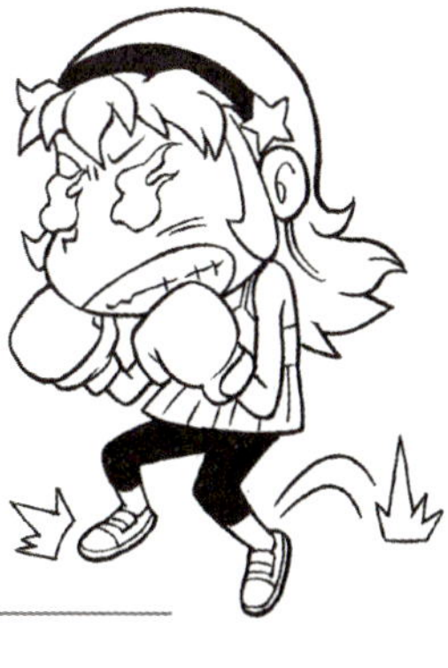

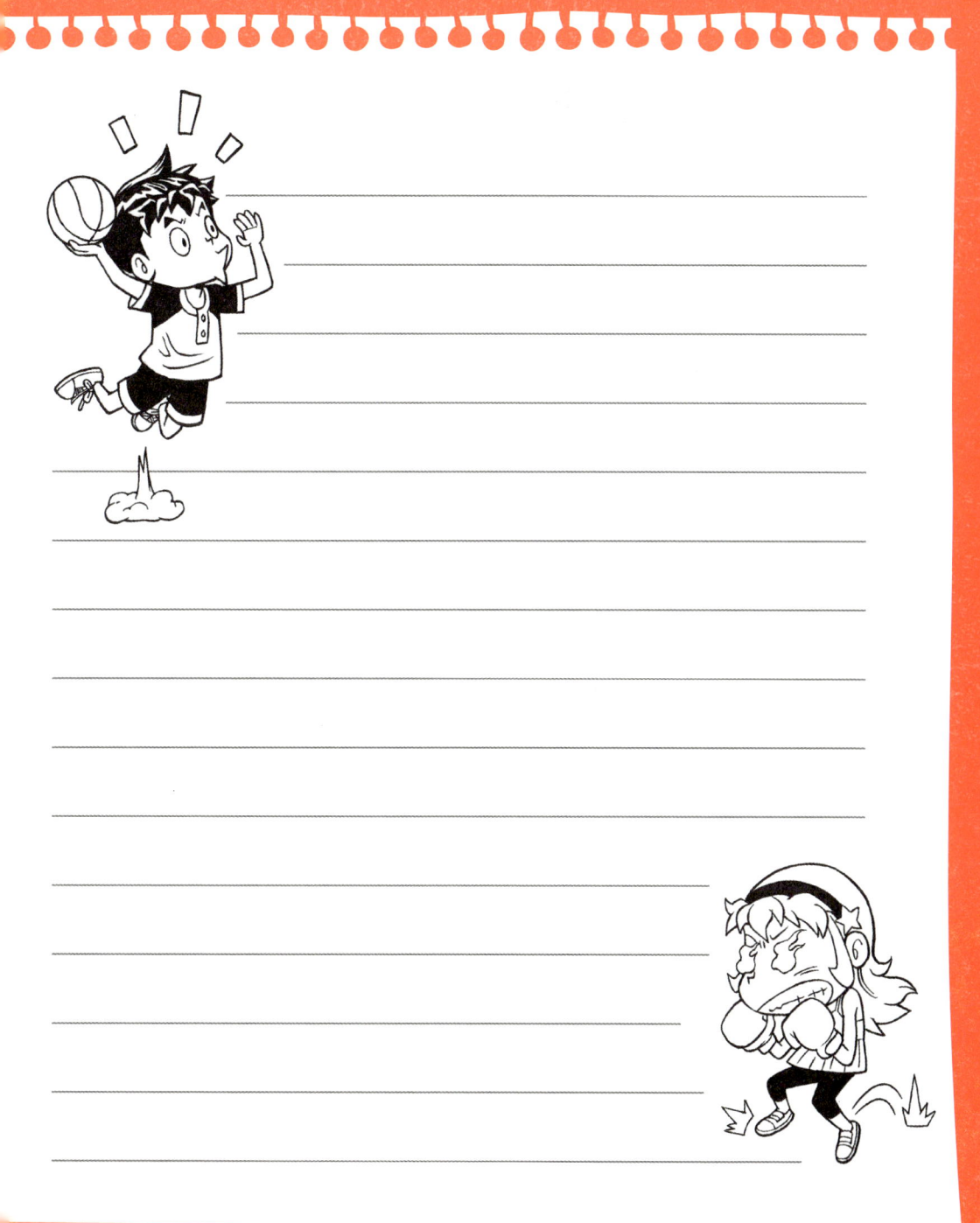

不得了！超有料的體育課
人體科學篇：運動高手的祕密

企劃｜小木馬編輯部
文｜沈口口、黃健琪
圖｜傅兆祺

總 編 輯｜陳怡璇
副總編輯｜胡儀芬
助理編輯｜俞思塵
題目整理｜小木馬編輯部、涂皓翔
編輯協力｜張莉莉
美術設計｜吳孟寰
圖表繪製｜吳孟寰
行銷企劃｜林芳如

出版｜小木馬／遠足文化事業股份有限公司
發行｜遠足文化事業股份有限公司（讀書共和國出版集團）
地址｜231 新北市新店區民權路 108-4 號 8 樓
電話｜02-2218-1417
傳真｜02-8667-1065
Email｜service@bookrep.com.tw
郵撥帳號｜19504465 遠足文化事業股份有限公司
客服專線｜0800-2210-29
法律顧問｜華洋法律事務所　蘇文生律師
印刷｜呈靖彩藝有限公司

2024（民 113）年 10 月初版一刷
定價 350 元
ISBN｜978-626-99023-3-0
　　　978-626-99023-4-7（EPUB）
　　　978-626-99023-2-3（PDF）

有著作權・翻印必究

特別聲明：有關本書中的言論內容，不代表本公司／出版集團之立場與意見，文責由作者自行承擔。

國家圖書館出版品預行編目 (CIP) 資料

不得了！超有料的體育課. 人體科學篇：運動高手的祕密 / 沈口口, 黃健琪文. -- 初版. -- 新北市：小木馬, 遠足文化事業股份有限公司, 民 113.10
136 面；17X21 公分
ISBN 978-626-99023-3-0(平裝)
1.CST: 運動 2.CST: 運動生理學 3.CST: 通俗作品

528.9022　　　　　　　　　　113014819